B.B. Warfield

O *plano da salvação*

B.B. Warfield

O *plano da* salvação

Pilgrim

THOMAS NELSON
BRASIL®

Traduzido por
JOSAÍAS RIBEIRO JR.

Copyright da tradução © Pilgrim Serviços e Aplicações LTDA., 2021. Todos os direitos reservados.

Copyright da introdução à edição brasileira © Hermisten Pereira Maia Costa, 2021. Todos os direitos reservados.

Todas as citações bíblicas foram extraídas da versão *Almeida Século 21* (A21).

Os pontos de vista dessa obra são de responsabilidade dos autores e colaboradores diretos, não refletindo necessariamente a posição da Pilgrim Serviços e Aplicações, da Thomas Nelson Brasil, da *HarperCollins Christian Publishing* ou de suas respectivas equipes editoriais.

PUBLISHER	*Samuel Coto*
EDITORES	*Guilherme Cordeiro Pires e*
	Guilherme H. Lorenzetti
PREPARAÇÃO	*Adalberto Nunes, Talita Neres e*
	Pedro Marchi
REVISÃO	*Tiago Abdalla T. Neto e Jean Carlos Xavier*
DIAGRAMAÇÃO	*Aldair Dutra de Assis*
CAPA	*Jonatas Belan*

DADOS INTERNACIONAIS DE CATALOGAÇÃO NA PUBLICAÇÃO (CIP)
(BENITEZ CATALOGAÇÃO ASS. EDITORIAL, MS, BRASIL)

W235p
1.ed.

Warfield, Benjamim B., 1851-1921
O plano de salvação / Benjamim B. Warfield ; tradução de Josaías Ribeiro Junior. – 1.ed. – Rio de Janeiro : Thomas Nelson Brasil : São Paulo : Pilgrim Serviços e Aplicações, 2021.
144 p.; 13,5 x 20,8 cm.

Título original : The plan of salvation : five lectures delivered at the Princenton summer school of theology in june 1914.

ISBN : 978-65-56894-82-9

1. Calvinismo. 2. Soteriologia – Cristianismo. 3. Teologia cristã. I. Ribeiro Junior, Josaías. II. Título.

07-2021/28
CDD 284.2
CDD 234.16

Índice para catálogo sistemático:

1. Calvinismo : Teologia : Cristianismo

2. Soteriologia : Cristianismo

Aline Graziele Benitez – Bibliotecária – CRB-1/3129

Thomas Nelson Brasil é uma marca licenciada à Vida Melhor Editora LTDA.
Todos os direitos reservados . Vida Melhor Editora LTDA.
Rua da Quitanda, 86, sala 218 — Centro
Rio de Janeiro, RJ — CEP 20091-005
Tel.: (21) 3175-1030
www.thomasnelson.com.br

Para John DeWitt, D.D., LL.D,
professor emérito de história da
igreja no seminário de Princeton

Amante das Letras.
Amante dos Homens.
Amante de Deus.

Sumário

Apresentação ▪ 9
Introdução do Rev. Hermisten Maia ▪ 13

As diferentes concepções ▪ 39
Autossoterismo ▪ 59
Sacerdotalismo ▪ 83
Universalismo ▪ 103
Calvinismo ▪ 123

Apresentação

"Que preciso fazer para ser salvo?". A pergunta do carcereiro de Filipos aos apóstolos talvez seja a mais importante que um ser humano possa fazer. Por outro lado, se há uma pergunta tão importante quanto essa, talvez seja a seguinte: o que Deus precisa fazer para nos salvar? Ou seja, como ele nos salva? Benjamin Breckinridge Warfield (1851-1921), um dos últimos teólogos conservadores do renomado seminário de Princeton, almeja responder justamente a essa pergunta neste pequeno livro.

O Leão de Princeton, como Warfield era conhecido por seu fervor apologético e rigor acadêmico, possui uma tese simples: o calvinismo é a expressão mais consistente da religião cristã. A maneira que a salvação de Deus ocorre só seria explicada de forma coerente pelo calvinismo. A decisão de crer no envolvimento direto de Deus com a sua criação e sua prerrogativa exclusiva de Salvador, quando levada as suas consequências lógicas, termina na crença no calvinismo.

Assim, Warfield elabora um argumento *reductio ad absurdum* para que, uma vez que se assuma o sobrenaturalismo teísta contra o naturalismo, o único caminho lógico seria aceitar o evangelicalismo protestante contra o sacerdotalismo católico romano e ortodoxo oriental e, por fim, o particularismo calvinista contra o universalismo arminiano, luterano ou consistente.

Porém, não é só por coerência com o princípio teológico do sobrenaturalismo que Warfield nos conduz ao calvinismo. A própria essência da religião cristã estaria comprometida do contrário. O relacionamento entre criatura e Criador não poderia existir sem um envolvimento intensamente particular, direto e imediato do Senhor com cada uma das suas criaturas. Qualquer outra opção levaria a criatura a se tornar o próprio salvador e deus, o que é nada mais que paganismo.

Toda a argumentação de Warfield pode parecer extremamente sectária, a ponto de ser só interessante a calvinistas convictos. Mas, pelo contrário, ela é de interesse de todo cristão. Podemos percorrer o caminho inverso de Warfield e defender que todos os grupos envolvidos têm algo a aprender com esta obra.

Os calvinistas não só recebem de Warfield recursos argumentativos e distinções cuidadosas para seus debates intramuros, mas podem perceber a sua elevada responsabilidade. Se Warfield está certo, em última instância, tudo de bom que há no cristianismo é levado à sua plenitude mais consistente na teologia reformada. Isso implica que não há tradição cristã que não seja do interesse do calvinista. Todas elas podem (e devem) receber um lugar no seu sistema. Isso exige o engajamento crítico e respeitoso com todas elas.

Os protestantes não calvinistas também precisam fazer mais do que responder às incômodas questões de Warfield quanto à consistência lógica. No espírito do verdadeiro amor cristão, que se regozija com a verdade, as caricaturas precisam cair. É necessário que reconheçam que o calvinista não adora um deus caprichoso, arbitrário, um monstro que se compraz em ter favoritos, um "Deus que nunca terá o meu respeito", nos termos de Milton. Antes, o objetivo do calvinista em sua doutrina particular da predestinação está em fazer plena justiça aos princípios comuns a todo herdeiro da Reforma. É fazer com que o relacionamento íntimo com Deus prezado pelos evangelicais e o grito de guerra de "glória somente a Deus" dos protestantes confessionais se estendam a toda a eternidade do conselho de Deus. Nem todos vão concordar com as confissões reformadas nisso, mas entender por que essa doutrina é tão amada e defendida por seu irmão em Cristo é um imperativo da comunhão dos santos. Afinal, ele crê nela pelos mesmos motivos que você crê no seu protestantismo.

Finalmente, católicos romanos e ortodoxos orientais também precisam dar atenção ao projeto de Warfield neste livro. O que levou alguns cristãos a se separarem de Roma (e, antes, de Constantinopla) foi o mesmo motivo que levou outros a permanecerem ali. Na verdade, foi justamente para salvaguardar o credo cristão básico que o cisma ocorreu e se mantém até hoje. Qualquer tentativa de diálogo ecumênico, ou até de "chamar protestantes de volta para casa", não pode prosperar sem reconhecer que evangélicos e calvinistas alegam ser mais católicos do que os próprios católicos e mais ortodoxos do que os próprios ortodoxos por serem os mais consistentemente sobrenaturalistas e antipelagianos, da perspectiva de Warfield.

O argumento de Warfield terminaria aí. Mas o que dizer aos cristãos que se afastam da ortodoxia histórica para acomodar alegações da modernidade (conhecidos como "modernistas" ou "liberais")? E o que falar aos teólogos contemporâneos que parecem transcender limites confessionais, como Karl Barth? E ao naturalista ateu? Essas perguntas aguardariam argumentos igualmente contundentes dos herdeiros da teologia de Princeton representada por Warfield, especialmente J. Gresham Machen e Cornelius Van Til. Logo seria argumentado que tudo que há de bom, belo e verdadeiro na criação só

12   O PLANO DA SALVAÇÃO

pode subsistir e ser compreendido com base no Deus trino das Escrituras, que salva os seus por sua ação graciosa. Porém, na medida em que o pensamento de Warfield preparou o terreno para os voos mais ambiciosos de seus sucessores, não se pode chegar a essas alturas sem passar por esse grande teólogo de Princeton.

Portanto, uma obra antiga pode se provar de renovada importância para o público brasileiro. Com subtítulos explicativos, uma nova tradução, uma introdução do rev. Hermisten Maia e pequenas adaptações de termos latinos, a Pilgrim e a Thomas Nelson Brasil publicam esta obra com a esperança de que ela seja relevante para todos os cristãos (acadêmicos ou não, calvinistas ou não) e, quem sabe, até para aqueles que não creem.

- GUILHERME CORDEIRO

Editor e diretor de conteúdo da Pilgrim

Introdução do Rev. Hermisten Maia

Ali estava uma teologia ancorada nas Escrituras, mas com uma precisão exegética mais evidente do que nos autores mais antigos, e, ao mesmo tempo, combinada com uma devoção que elevava tudo muito acima do nível de uma pura erudição acadêmica. [Como disse Lloyd-Jones:] "Tais eram o conhecimento e a experiência que Warfield possuía da verdade, e de Deus em Cristo por meio do Espírito Santo. (...) Mais do que a maioria dos escritores, ele dá uma profunda impressão da glória e da maravilha da grande salvação que desfrutamos"[1]

---

[1] Iain H. Murray, A vida de Martyn Lloyd-Jones 1899-1981: uma biografia (São Paulo: PES, 2014), p. 171-2.

14   O PLANO DA SALVAÇÃO

A história é cheia de mistérios. Analisar o passado e prever o futuro são atividades repletas de risco, principalmente a segunda. O passado não pode ser idealizado, mas compreendido. O futuro, humanamente falando, tem a ver, ainda que não exclusivamente, com nossas construções presentes.[2]

Por isso, é de grande pertinência, além de fidelidade às nossas fontes, cultivarmos uma humildade epistemológica que não deve ser confundida com agnosticismo. Afinal, nosso conhecimento é mediato — repleto de preconceitos —,[3] indireto, inferencial e conjetural.[4] Além disso, nossas teorias devem sempre cultivar o saudável e renovado hábito de se submeter aos fatos. E, um outro ponto dificultoso: somos do presente; nem do passado, nem do futuro. Por si, isso já nos delimita.[5]

Há determinados períodos da história que são marcados por ganhos e perdas mais sensíveis. Nem sempre seus contemporâneos conseguem perceber isso de modo imediato.

Nos séculos 5 e 4 antes de Cristo, vemos florescer Sócrates (469-399 a.C.), Platão (427-347 a.C.) e Aristóteles (384-322 a.C.), os filósofos mais importantes da Antiguidade.

Entre os séculos 14 a 16, vemos a confluência de grandes personagens nas mais diferentes áreas do saber, que vão formar o Renascimento e a Reforma: Petrarca (1304-1374),

---

[2] Veja de forma ilustrativa, C. S. Lewis, *Cartas do inferno* (São Paulo: Vida Nova, 1964), p. 160-1.

[3] "Por mais que lutemos arduamente para evitar os preconceitos associados a cor, credo, classe ou sexo, não podemos evitar olhar o passado de um ponto de vista particular. O relativismo cultural obviamente se aplica, tanto à própria escrita da história, quanto a seus chamados objetos. Nossas mentes não refletem diretamente a realidade. Só percebemos o mundo através de uma estrutura de convenções, esquemas e estereótipos, um entrelaçamento que varia de uma cultura para outra." (Peter Burke, "A nova história, seu passado e seu futuro", in: Peter Burke, org. *A escrita da história: novas perspectivas* [São Paulo: UNESP, 1992], p. 15).

[4] Veja Carlo Ginzburg, *Mitos, emblemas, sinais: morfologia e história* (São Paulo: Companhia das Letras, 1989), p. 150.

[5] Veja Edward Hallet Carr, *O que é história?* (São Paulo: Paz e Terra, 1996), 3. ed., p. 60-1.

INTRODUÇÃO DO REV. HERMISTEN MAIA   15

Leonardo da Vinci (1452-1519), Pico della Mirandola (1463-1494), Erasmo (1466-1536), Copérnico (1473-1543), Miguel Ângelo (1475-1564), Lutero (1483-1546), Calvino (1509-1564), Galileu (1564-1642), Kepler (1571-1630), entre tantos outros.

Já os anos de 1920 e 1921 marcaram um período de perda no campo teológico. Morreram Kuyper (1837-1920), Trajano (1843-1921),[6] Strong (1836-1921), Bavinck (1854-1921) e Warfield (1851-1921), o último grande teólogo sistemático representante da Antiga Princeton e autor de O plano da salvação, livro que reúne suas conferências em Princeton em 1913. Recordemos um pouco.

O Log College

O pensamento pietista,[7] tão influente na Alemanha e na Dinamarca, atingiu a Inglaterra, de modo especial por intermédio de John Wesley (1703-1791), o qual recebeu ampla influência dos moravianos.[8]

---

[6] O reverendo português Antônio Bandeira Trajano fez parte da primeira turma de pastores formados no Brasil no "Seminário Primitivo" (1870). Professou a sua fé e foi batizado na organização da Igreja Presbiteriana de São Paulo, em 1865. Foi licenciado cinco anos depois e designado para os campos das Igrejas de Brotas (SP), Jacutinga (MG) e Rio Novo (MG). Ordenado em 1875, foi empossado no mesmo ano como pastor da Igreja de Brotas. Publicou vários livros de aritmética e álgebra que continuaram sendo impressos.

[7] O pietismo alemão denota um movimento surgido na Igreja Luterana, na segunda metade do século 17, o qual teve como uma de suas características mais evidentes a reação contra um cristianismo que, sob muitos aspectos, se tornara vazio, tendo uma prática dissociada da genuína doutrina bíblica. Ph. J. Spener (1635-1705), pastor luterano, foi o grande líder do movimento. A sua obra Pia Desideria (1675) pode ser lida ainda hoje com grande proveito (Phillip J. Spener, Mudança para o futuro: Pia Desideria [Curitiba: Encontrão Editora, 1996]).

[8] Veja R.G. Tuttle, Wesley in: Walter A. Elwell, ed. Enciclopédia histórico-teológica da Igreja Cristã (São Paulo: Vida Nova, 1988-1990), v. 3, p. 642-44; J.L. Gonzalez, A era dos dogmas e das dúvidas (São Paulo: Vida Nova, 1984). p. 173ss.; W. Walker, História da igreja cristã (São Paulo: ASTE, 1967), v. 2, p. 209; Richard P. Heitzenrater, Wesley e o povo chamado Metodista (São Bernardo do Campo: Editeo, 1996), p. 58ss, 76ss.; Duncan A. Reily, Metodismo brasileiro e Wesleyano: reflexões históricas sobre a autonomia (São Bernardo do Campo: Imprensa Metodista, 1981), p. 84ss. Wesley é considerado "o iniciador do movimento pietista na Inglaterra" (Alister E. McGrath, Teologia sistemática, histórica e filosófica: uma introdução à teologia cristã [São Paulo: Shedd Publicações, 2005], p. 119).

16   O PLANO DA SALVAÇÃO

Por volta de 1725, sua influência chegou também à América, por meio do pastor da Igreja Reformada Holandesa, no Vale de Raritan, New Jersey, Theodore Jacobus Frelinghuysen (1691-1748)[9] e do presbiteriano Gilbert Tennent (1703-1764). O próprio Zinzendorf (1700-1760), o "teólogo dos moravianos", visitou a América (1741-1743) ajudando a fundar a comunidade Moraviana em Bethlehem, Pensilvânia (1741) servindo também como pastor numa igreja Luterana.[10]

Em 1716,[11] chega à América, procedente da Irlanda, o "puritano" rev. William Tennent, que, rejeitando o sistema

[9] Discute-se se o "pietismo" de Frelinghuysen era decorrente da influência pietista alemã ou um "pietismo reformado". (James Tanis, *Dutch Calvinistic Pietism in the Middle Colonies: A study in the life and theology of Theodorus Jacobus Frelinghuysen* [The Hague: Netherlands, 1967], p. 3-8). Pessoalmente, inclino-me a crer que, mesmo a sua teologia sendo reformada, bem como a sua piedade puritana, ele também recebeu influência da piedade missional do pietismo alemão. Vamos ao que sabemos ao certo: Frelinghuysen era natural de Born, Westphalia. Foi batizado pelo seu pai em 06/11/1692. Foi ordenado pastor em 1717. Veio para a América em janeiro de 1720 com o objetivo de pastorear os imigrantes holandeses residentes em New Jersey (Cf. Mark A Noll, *A history of Christianity in the United States and Canada* [Grand Rapids: Eerdmans, 1993], p. 111). Ele se familiarizara com o pietismo na Holanda, onde fizera os seus estudos e fora ordenado ministro (1717/1719). Schalkwijk, comenta: "O rev. Theodore era herdeiro de uma ênfase do puritanismo holandês, que por sua vez tinha recebido muita influência do puritanismo inglês: não somente uma doutrina e fé bíblicas, mas também uma ética e comportamento bíblicos" (Frans L. Schalkwijk, "Aprendendo da história dos avivamentos", in: *Fides Reformata*, São Paulo: Centro Presbiteriano de Pós-Graduação Andrew Jumper, 2/2 (1997), p. 63). Ele era um homem de profunda piedade e zelo religioso. Seus cinco filhos foram ordenados ministros e suas duas filhas casaram-se com ministros evangélicos. Seus descendentes tiveram uma profícua vida pública, que ultrapassou em muito os limites de New Jersey.
[10] Cf. Mark A Noll, *A history of Christianity in the United States and Canada*, p. 71. Quase um século depois (1836), o Padre Feijó, então Regente do Império, convidaria os Irmãos Morávios a virem para o Brasil catequizar os índios, ao que responderam que "estavam com grande pesar, impossibilitados de atender" (Cf. David G. Vieira, *O protestantismo, a maçonaria e a questão religiosa no Brasil* [Brasília: Editora Universidade de Brasília, 1980], p. 31-2). D.P. Kidder também alude ao assunto, *Reminiscências de viagens e permanência no Brasil* (São Paulo: Livraria Martins Fontes, 1951), p. 41). Veja também: Émile G. Léonard, *O protestantismo brasileiro* (São Paulo: ASTE, 1963), p. 39-40; Carl Joseph Hahn, *História do culto protestante no Brasil* (São Paulo: ASTE, 1989), p. 249ss.
[11] Veja Archibald Alexander, *Biographical sketches of the founder and principal alumni of the Log College* (Philadelphia: Presbyterian Board of Publication, 1845),

INTRODUÇÃO DO REV. HERMISTEN MAIA 17

anglicano,[12] ingressou na Igreja Presbiteriana por meio do
Sínodo de Filadélfia reunido no ano de 1718.[13] Mais tarde, o rev.
Tennent, preocupado com a preparação de pastores que aten-
dessem a demanda na região de fronteira, fundou o Log College em 1727,[14] tendo como alunos, entre outros, três dos seus
quatro filhos: Gilbert, William e John bem como, os também
irlandeses Samuel Finley (que viria ser presidente do College
of New Jersey), John Blair e Samuel Blair. Este seminário, que
já funcionava antes mesmo de ter uma sede, foi construído de
forma rústica nos anos de 1736 e 1737 com troncos de árvo-
res – daí o nome jocoso de "Log College",[15] uma vez que "log",
em inglês, significa tora.

Apesar da oposição de muitos pastores que temiam o rebai-
xamento acadêmico na formação dos ministros presbiterianos
– preocupação que não deixava de ter alguma pertinência –,
o Log College cumpriu o seu papel, capacitando seus antigos alunos a levar o evangelho às regiões mais longínquas da

---

p.14; Thomas Murphy, *The presbytery of the Log College; or, The Cradle of the
Presbyterian Church* (New York: Presbyterian Board of Publication and Sabbath
- School Work, 1889), p. 69.
[12] Veja Milton J. Coalter Jr., William Tennent in: Donald K. McKim, ed. *Encyclope-
dia of the reformed faith* (Louisville: John Knox Press, 1992), p. 362. Veja também
Archibald Alexander, *Biographical sketches of the founder and principal alumni
of the Log College* (Philadelphia: Presbyterian Board of Publication, 1845), p.13-5.
[13] O rev. W. Tennent (1673-1745) provavelmente se formou no Trinity College
(Dublin) e na Universidade de Edimburgo (1695). Foi ordenado Diácono em
01/7/1704 e Ministro Anglicano em 22/09/1706. (Veja: Tennent In: Philip Schaff,
ed. *Religious encyclopaedia: or dictionary of biblical, historical, doctrinal, and
practical theology*, 3. ed. rev. amp. (New York: Funk & Wagnalls Company, 1891),
v. 3, p. 2316; Leonard J. Trinterud, Tennent, William In: Harry S. Ashmore, ed.
Encyclopaedia Britannica (Chicago: Encyclopaedia Britannica, INC. 1962), v. 21, p.
931; N.V. Hope, William Tennent In: J.D. Douglas; Philip W. Comfort, eds., *Who's
who in Christian history* (Wheaton: Tyndale House Publishers, 1992), p. 663;
Archibald Alexander, *Biographical sketches of the founder and principal alumni
of the Log College* (Philadelphia: Presbyterian Board of Publication, 1845), p. 13.
[14] O "Log College" permaneceria em atividade até o ano de 1742. Cf. David B.
Calhoun, *Princeton Seminary: faith & learning – 1812-1868* (Carlisle: The Banner
of Truth Trust, 1996), v. 1, p. 4-5.
[15] Veja: William K. Selden, *Princeton Theological Seminary: a narrative history –
1812-1992* (Princeton: Princeton University Press), p. 6.

18   O PLANO DA SALVAÇÃO

Pensilvânia e às Carolinas do Norte e do Sul. Havia falta de pastores, e muitos dos fiéis presbiterianos, carentes de assistência pastoral, por vezes, enfraqueciam-se em sua fé.

Os jovens que se formaram nesta escola construíram outras iguais, as quais produziram cristãos devotos e pregadores fervorosos. O modesto início foi grandemente abençoado e abençoador.

Gilbert Tennent, aluno do primitivo Log College, foi licenciado em maio de 1726 pelo Presbitério de Filadélfia, trabalhando por um breve tempo como assistente de seu pai no Log College. Posteriormente, foi ordenado e instalado pastor da igreja de New Brunswick, New Jersey, no outono de 1727. Tennent, influenciado pelo rev. Theodore J. Frelinghuysen, começou a pregar em 1733 a necessidade de um avivamento. Dez anos depois, foi pastorear a Segunda Igreja Presbiteriana de Filadélfia, que surgira como resultado da pregação de G. Whitefield, o qual começara seu ministério na América em 1739.[16]

Em 1747, Tennent seria um dos fundadores do College of New Jersey, o qual persiste até hoje como a prestigiada Universidade de Princeton. No período de 1753-1755, Tennent, juntamente com o rev. Samuel Davies – antigo aluno do Log College e considerado um dos maiores pregadores americanos do século 18 além de ser um notável compositor[17] –, conseguiu arrecadar na Inglaterra, por meio de doações, mais de quatro mil libras para o College de New Jersey, quantia que ultrapassou em muito às suas expectativas.

---

[16] "Quando Whitefield fez uma campanha evangelística nas colônias (1739-1741), em dois anos mais de trinta mil pessoas foram ganhas, ou seja, 10% (sic!) da população americana da época" (Frans L. Schalkwijk, "Aprendendo da história dos avivamentos", In: Fides Reformata, 2/2 (1997), p. 64).

[17] O rev. Davies fez um notável trabalho missionário no Sul. Em certa ocasião batizou cerca de 150 convertidos constituídos de colonos e escravos africanos (Cf. Mark A Noll, A history of Christianity in the United States and Canada (Grand Rapids: Eerdmans, 1993), reimpr., p. 106-7; Frans L. Schalkwijk, "Aprendendo da história dos avivamentos" In: Fides Reformata, 2/2 (1997).

INTRODUÇÃO DO REV. HERMISTEN MAIA   19

Tennent, grande admirador de Whitefield e amigo de Jonathan Edwards, foi um dos responsáveis pelo avivamento na América, sendo o principal personagem presbiteriano na propagação do avivamento em seu país. A sua pregação era uma combinação de profundidade teológica e verdadeira piedade cristã. Singer resume assim esse movimento:

> Em certa medida, através destes homens, o puritanismo da Nova Inglaterra entrou na corrente do presbiterianismo americano, mas a tendência principal desta corrente que se ampliava era composta de irlandeses-escoceses, que lhe acrescentaram seu próprio fervor e entusiasmo.[18]

Não nos esqueçamos também, que o pietismo contribuiu como um forte ingrediente nesta gama de influência que zelava pela piedade individual e pela pureza doutrinária.

Uma igreja à procura de um seminário

Em maio de 1808, na abertura dos trabalhos da Assembleia Geral da Igreja Presbiteriana na América, o rev. Archibald Alexander – convertido no Grande Avivamento de 1789 –, pastor desde 1807[19] da Terceira Igreja Presbiteriana de Filadélfia, pregou um "poderoso" sermão baseado em 1Coríntios 14.12, falando da necessidade de a Igreja Presbiteriana ter um seminário; um desejo antigo da igreja, mas que ainda não havia sido concretizado.

Desta forma, o Log College tornou-se o precursor do Princeton College (1747) e do Theological Seminary (1812), bem como de todas as outras instituições similares dentro da Igreja Presbiteriana na América.

---

[18] C. Gregg Singer, "Os Irlandeses-escoceses na América" In: W. Stanford Reid, ed. *Calvino e sua influência no mundo Ocidental* (São Paulo: Casa Editora Presbiteriana, 1990), p. 338.

[19] Neste mesmo ano, 1807, Alexander foi eleito Moderador da Assembleia Geral.

20 O PLANO DA SALVAÇÃO

Quanto à necessidade da criação do seminário, leia-se: a grande preocupação da igreja estava em preparar pastores que pudessem responder à considerada crise sem precedentes na igreja, associada ao modo de viver americano caracterizado pelo secularismo, deísmo e racionalismo. Na pauta de suas atenções estava a defesa do cristianismo em geral e, em particular, das Escrituras Sagradas como padrão absoluto.

Na Assembleia Geral de 1811, aprovava-se, não sem resistência,[20] a criação do Seminário de Princeton, tendo como propósito:

> Formar homens como ministros do evangelho, que tenham fé sincera e amem cordialmente e, portanto, esforcem-se por propagar e defender, em sua pureza, simplicidade, e plenitude, aquele sistema de fé e prática da religião o qual está estabelecido explicitamente na Confissão de Fé, Catecismos [de Westminster], e Sistema de Governo e Disciplina da Igreja Presbiteriana; e assim perpetuar e estender a influência da verdadeira piedade evangélica, e norma do evangelho.[21]

Em maio de 1812, a Assembleia Geral escolhe o primeiro professor do Seminário de Princeton, o rev. Archibald Alexander,[22] que iniciou o curso no mês de agosto daquele ano como o único professor de todas as disciplinas, contando com três alunos.[23] Alguns outros chegariam nos meses seguintes.

---

[20] Veja David F. Wells, ed. *Reformed theology in America: a history of its modern development* (Grand Rapids: Baker Books, 1997), p. 58-9.
[21] In: Mark A. Noll, ed., *The Princeton theology*, p. 56.
[22] O rev. A. Alexander não fez seminário, ele estudou sob a tutela do rev. William Graham (1745-1799), sendo licenciado para pregar em 1791. (Cf. Morton H. Smith, *Studies in southern presbyterian theology* [New Jersey: Presbyterian and Reformed Publishing Company, 1987], p. 69; Alexander, Archibald In: Philip Schaff, ed. *Religious encyclopaedia: or dictionary of biblical, historical, doctrinal, and practical* theology [Chicago: Funk & Wagnalls, Publishers], 1887, v. 1, p. 53). Sobre o ministério de Graham, veja Morton H. Smith, *Studies in southern presbyterian theology*, p. 65-8.
[23] Cf. Mark A. Noll, ed., *The Princeton theology*, p. 61.

Alexander continuaria trabalhando neste seminário até a sua morte em 1851.

Em Princeton, podemos destacar três ingredientes fundamentais que estavam pressupostos em sua orientação, quer implícita, quer explícita.

1) *A experiência religiosa*

A experiência religiosa, como era vista por Alexander, norteou o pensamento de Princeton. Ele mesmo a conceitua:

> Na avaliação da experiência religiosa, é de todo importante manter continuamente à vista o sistema de verdade divina contido nas Sagradas Escrituras; caso contrário, nossa experiência, como ocorre muito frequentemente, se degenerará em entusiasmo. (...) Em nossos dias não há nada mais necessário que estabelecer na religião uma cuidadosa distinção entre as experiências verdadeiras e as falsas; para "provar os espíritos se procedem de Deus". E, ao fazer esta discriminação, não há outro padrão senão a infalível Palavra de Deus. Tragamos cada pensamento, motivo, impulso e emoção ante esta pedra de toque. "À lei e ao testemunho, se não falam de acordo com estes, é porque não há luz neles".[24]

A experiência subjetiva seria sempre avaliada pela Palavra. No entanto, esta experiência, ainda que não fosse o fundamento da teologia, era um ingrediente de grande relevância na vida do teólogo.

Alexander, mais que o primeiro professor de Teologia do Seminário de Princeton, foi o modelador do pensamento teológico daquela instituição. Noll, observa que

---

[24] Archibald Alexander, *Thoughts on religious experience* (Carlisle: The Banner of Truth Trust, 1989), reimpr., p. xviii.

O PLANO DA SALVAÇÃO

Archibald Alexander, condensou grande parte da tradição de Princeton em sua própria vida. Era uma pessoa de piedade e candor cristão, mas suas ênfases principais na teologia eram a fidedignidade das Escrituras e a capacidade da razão humana para compreender a verdade cristã. Suas fontes intelectuais eram Calvino, a Confissão de Fé de Westminster e os seus Catecismos, o teólogo suíço François Turretin e a filosofia escocesa do senso comum.[25]

2) Ortodoxia reformada

Os teólogos de Princeton estavam fundamentados dentro da tradição Reformada, tendo Turretini[26] e os símbolos de

[25] Mark A. Noll, "Teologia da Antiga Princeton" In: Walter A. Elwell, ed. Enciclopédia histórico-teológica da Igreja Cristã (São Paulo: Vida Nova, 1988-1990), v. 3, p. 456.

[26] Turretini estudou na Academia de Genebra (1643-1646) tendo como principais mestres Giovanni Diodati (1576-1649), teólogo genebrino também de ascendência italiana que lecionara hebraico na Academia (1597-1606), vindo a ocupar a cadeira de Teologia (1599-1645), que fora de Calvino e Beza. Diodati foi delegado de Genebra em Dort. Em 1607 fez uma tradução da Bíblia para o italiano, tornando-se Reitor da Academia em 1618. Em 1644 Diodati fez outra tradução das Escrituras, agora para o francês, sendo a sua edição anotada, adquirindo então grande circulação. Outro mestre de Turretini, foi Theodore Tronchin (1582-1657), teólogo genebrino casado com a filha adotiva de Beza e professor de Hebraico na Academia (1606-1618) e, posteriormente, de Teologia (1615-1656), substituindo a Diodati, como também já fizera nas línguas orientais quando aquele assumira a cadeira de Teologia. Foi Reitor da Academia (1610-1615). Ele, juntamente com Diodati, foi delegado de Genebra no Sínodo de Dort: Somente os dois foram enviados como delegados. Após seus estudos básicos (1644), Turretini viajou pela Europa, estudando em Leyden, Utrecht, Paris – onde além de teologia – estudou física e astronomia com Pierre Gassendi (1592-1655), então professor de Matemática no Colégio Real de Paris –, Saumur, Montauban e Nîmes.
Turretini também foi influenciado pelo teólogo reformado Friedrich Spanheim (1600-1648), que estudara em Heidelberg e Genebra, lecionando Filosofia (1626-1632) e Teologia (1631-1642) na Academia e Leyden (1648). Assim como Turretini, Spanheim, que era um profícuo escritor, escreveu obras combatendo os ensinamentos de Moisés Amyraut (1596-1664). Em janeiro de 1653, Turretini foi indicado sucessor de Spanheim na cadeira de Teologia na Academia (1653-1687). Seu discurso inaugural foi baseado em Hb 1.1. Mais tarde, seria em dois períodos Reitor da Academia: 1654-1657 e 1668-1670. Veja: Charles Borgeaud, Histoire l'Université de Genève (Genève: Georg; Cº, Libraires de L'Université, 1900), p. 636,640; Jack B. Rogers; Donald K. McKim, The authority and interpretation of the Bible: an historical approach (San Francisco: Harper &

Westminster como expressões fidedignas deste pensamento que encontrava a sua fonte na sistematização de Calvino, ainda que a vasta obra de Calvino seja pouco citada por Turretini.

A principal obra de Turretini foi o seu magnífico manual de teologia sistemática, *Institutio Theologiae Elencticae*[27], que visava a distinguir, fundamentar e consolidar a teologia reformada em meio às interpretações divergentes.

Nesse tratado teológico, Turretini expõe a teologia reformada de forma sistemática, lógica, apologética, precisa e científica. O seu método revela conhecimento de Aristóteles e de Tomás de Aquino.[28] A *Institutio* "é a mais importante obra de teologia sistemática escrita em Genebra durante o século 17", afirma Grohman.[29]

Row, Publishers, 1979), p. 172-3; Diodati In: Philip Schaff, ed. *Religious encyclopaedia: or dictionary of biblical, historical, doctrinal, and practical theology*, 3. ed. rev. amp. (New York: Funk & Wagnalls Company, 1891), v. 1, p. 640; Spanheim In: Philip Schaff, ed. *Religious encyclopaedia*, v. 3, p. 2222; Tronchin In: Philip Schaff, ed. *Religious Encyclopaedia*, v. 3, p. 2397-8; R.J. Vandermolen, Turretin In: Walter A. Elwell, ed. *Enciclopédia histórico-teológica da Igreja Cristã* (São Paulo: Vida Nova, 1988-1990), v. 3, p. 580-1; James T. Dennison, Jr., "The life and career of Francis Turretin" In: F. Turretin, *Institutes of elenctic theology* (Phillipsburg: Presbyterian and Reformed Publishing Company, 1997), v. 3, p. 648ss.; Toni Cetta, "Tronchin, Théodore" In: *Dicionário histórico da Suiça* (DHS), versão de 12.08.2011. Online: https://hls-dhs-dss.ch/fr/articles/011340/2011-12-08/, consultado em 09.07.2021).

[27] Publicada em Genebra em três volumes, entre os anos de 1679-1685. Em meados do século 19, o livro foi republicado em latim em Nova York e Edimburgo (Edinburgh: John D. Lowe, 1847-1848). Esta edição foi patrocinada pelo eminente teólogo inglês William Cunningham (1805-1861), professor do New College de Edimburgo desde 1843 e Reitor a partir de 1848. Veja: W.G. Blaikie; Cunningham, William In: Philip Schaff, ed. *Religious Encyclopaedia* 3. ed. rev. amp., (New York: Funk & Wagnalls Company, 1891), v. 1, p. 585; James T. Dennison Jr., "The life and career of Francis Turretin" In: F. Turretin, *Institutes of elenctic theology* (Phillipsburg: Presbyterian and Reformed Publishing Company, 1997) v. 3, p. 648. Com a tradução costumeiramente competente e cuidadosa do rev. Valter Graciano Martins, partindo da edição norte-americana, a obra foi publicada com esmero em português: François Turretini, *Compêndio de teologia apologética* (São Paulo: Cultura Cristã), 2011, 3v.

[28] Veja: Jack B. Rogers; Donald K. McKim, *The authority and interpretation of the Bible: an historical approach*, p. 173ss.

[29] Donald G. Grohman, "Turretin" In: Donald K. McKim, ed. *Encyclopaedia of the Reformed faith* (Louisville: Westminster; John Knox Press, 1992), p. 378. É "uma das expressões mais plenas do escolasticismo calvinista". Veja também:

24   O PLANO DA SALVAÇÃO

O trabalho de Turretini, sem perigo de cometermos algum exagero, é uma das obras mais completas e precisas do pensamento reformado. Com Turretini, a Ortodoxia Protestante Reformada alcançou seu ponto mais alto de sistematização. A *Institutio* exerceu uma forte influência na Teologia de Princeton. Archibald Alexander –apreciador de John Locke e da filosofia do senso-comum[30] –, adotou-a como livro-texto no Seminário de Princeton desde sua fundação.[31]

Charles Hodge, que fora aluno e sucessor de Alexander em Princeton lecionando teologia exegética e didática (1840-1878),[32] manteve também o livro de Turretini,[33] tendo

R.J. Vandermolen, "Turretin" In: Walter A. Elwell, ed. *Enciclopédia histórico--teológica da igreja cristã* (São Paulo: Vida Nova, 1988-1990), v. 3, p. 580); John H. Leith, A *tradição reformada: uma maneira de ser a comunidade cristã* (São Paulo: Pendão Real, 1997), p. 184-5.

[30] Cf. Ernest R. Sandeen, *The roots of fundamentalism: British and American millenarianism*, 1800-1930, (Grand Rapids: Baker Book House, 1978), reimpr., p. 115.

[31] Estudado em latim. A *Institutio* só teria uma nova edição em 1847/1848, (em quatro volumes), editada na língua latina em Edimburgo e Nova York. George M. Giger (1822-1865) – antigo professor de Princeton e amigo de Charles Hodge –, traduziu essa obra para o inglês. A sua tradução composta de 8 mil páginas manuscritas ficava na biblioteca do Seminário de Princeton à disposição dos alunos para consulta, conforme indicação de Charles Hodge. A tradução de Giger após revisão e correção, foi editada por James T. Dennison, Jr., sendo publicada em três volumes: F. Turretin, *Institutes of elenctic theology* (Phillipsburg: Presbyterian and Reformed Publishing Company, v. 1, 1992; v. 2, 1994; v. 3, 1997). Veja também F. Turretin, *Institutes of elenctic theology*, v. 1, p. XXVII, "*Editor's Preface*"; III, p. 648, "*The Life and Career of Francis Turretin*".

[32] Hodge fez sua pública profissão de fé na Igreja Presbiteriana de Princeton (13/01/1815). (Cf. A.A. Hodge, *The life of Charles Hodge* [New York: Charles Scribner's Sons, 1881], p. 30). Após estudar no Princeton College (1812-1815), ingressou no Seminário de Princeton (09/11/1816) graduando-se em 27/09/1819, indo, por sugestão do Dr. Archibald Alexander, estudar hebraico na Filadélfia. Foi Licenciado (20/10/1819) e Ordenado Ministro Presbiteriano (28/11/1821). Em 24/05/1822 foi eleito professor do Seminário de Princeton. Neste mesmo ano, Hodge casou-se com Sarah Bache (17/06/1822). No período de 1826-1828, estudou em Paris (1826-1827) e Alemanha, na Universidade de Halle (1827-1828). Em 1840, tornou-se sucessor imediato de Archibald Alexander, permanecendo nesse cargo até a sua morte em 1878, tendo concluído a sua monumental Teologia em 08/10/1872. (Cf. A.A. Hodge, *The life of Charles Hodge*, p. 451). Em 1846 foi Moderador da Assembleia Geral da Igreja Presbiteriana.

[33] "Sua obra foi muito influente no desenvolvimento da teologia americana no século 19, particularmente no presbiterianismo americano". R. Hesselgrave

INTRODUÇÃO DO REV. HERMISTEN MAIA   25

profundo respeito por este, a ponto de escrever em 1845: "Em geral, o melhor escritor de teologia sistemática que conhecemos. Não obstante a tintura de escolasticismo que está presente em sua obra, ela se adapta, de modo admirável, à situação atual da teologia em nosso país".[34] Na sua *Teologia sistemática*, publicada posteriormente, Turretini é citado com alguma frequência como um dos fundamentos de suas conclusões.[35] É sempre bom lembrar que Ashbel Green Simonton, aluno de Hodge e fundador da Igreja Presbiteriana do Brasil,[36] estudou teologia pela obra do

---

"Turretin" In: J.D. Douglas; Philip W. Comfort, eds., *Who's who in Christian history* (Wheaton: Tyndale House Publishers, 1992), p. 683b. Sobre a influência de Turretini na Teologia de Princeton, veja: Mark A. Noll, ed. *The Princeton theology: 1812-1921* (Grand Rapids: Baker Book House, 1983), p. 29-30; John H. Leith, *A tradição reformada: uma maneira de ser a comunidade cristã*, p. 184-5; Jack B. Rogers; Donald K. McKim, *The authority and interpretation of the Bible: an historical approach*, p. 268ss.; 279ss. A influência de Turretini se tornaria também evidente não apenas em Princeton, mas também em outros teólogos presbiterianos do século 19, de diferentes escolas, tais como Robert L. Dabney (1820-1898), professor de Teologia no Union Seminary de Richmond (*Lectures in Systematic Theology*, Grand Rapids, Michigan: Baker Book House, 1985) e W.G.T. Shedd (1820-1894), professor de Teologia do Union Seminary de New York (W.G.T. Shedd, *Dogmatic theology*, 2. ed. Nashville: Thomas Nelson Publishers, 1980). O próprio A.H. Strong (1835-1921), o grande teólogo batista do século 19, usa e cita Turretini umas dez vezes, referindo-se a ele como um "claro e vigoroso teólogo" (Augustus H. Strong, *Systematic Theology*, 35. ed. Philadelphia: The Judson Press, 1993, p. 46).
[34] Artigo provavelmente escrito por Charles Hodge, *Presbyterian Review*, p. 190. Veja: Mark A. Noll, ed. *The Princeton theology: 1812-1921*, p. 29 e John H. Leith, *A tradição reformada: uma maneira de ser a comunidade cristã*, p. 186.
[35] Basta um exame superficial para verificar este fato: Charles Hodge, *Teologia sistemática* (São Paulo: Hagnos, 2001), p. 352; 445-6, 449, 640, 750-1, etc.
[36] Simonton, que viria ser missionário presbiteriano no Brasil em 1859, ingressou no Seminário de Princeton em setembro de 1855 muito influenciado por um sermão de Hodge proferido em outubro do mesmo ano, uma mensagem que o inspirou bastante quanto ao seu futuro trabalho missionário. Simonton registrou no seu Diário, 14/10/1855: "Ouvi hoje um sermão muito interessante do Dr. Hodge sobre os deveres da igreja na educação. Falou da necessidade absoluta de instruir os pagãos antes de poder esperar qualquer sucesso na propagação do evangelho (...). Esse sermão teve o efeito de levar-me a pensar seriamente no trabalho missionário no estrangeiro (...). Eu nunca havia considerado seriamente a alternativa de trabalhar no estrangeiro; sempre parti do princípio de que minha esfera de trabalho seria em nosso país, tão vasto, e que cresce tanto. Pois estou agora convencido de que devo considerar a

26   O PLANO DA SALVAÇÃO

genovês, já que o livro-texto de Hodge[37] só substituiria o livro
de Turretini a partir de 1872-1873.[38]

[37] Edição brasileira: Charles Hodge, *Teologia sistemática* (São Paulo: Hagnos, 2001).

possibilidade seriamente; e se há tantos que preferem ficar, não será meu dever partir?".

Como indicativo da influência do pensamento de Princeton nos missionários presbiterianos, destacamos alguns pontos: Em 1870, após a Licenciatura dos três primeiros pastores formados no Brasil (Seminário Primitivo): Modesto Carvalhosa (1846-1917), Miguel Torres (1848-1892) e Antonio Trajano (1843-1921), o Presbitério do Rio de Janeiro decide que os referidos licenciados se preparem para a próxima reunião do Presbitério (1871) com vistas à sua Ordenação ao Sagrado Ministério, estudando os capítulos 1 a 14 da Confissão de Fé de Westminster, a fim de serem "examinados minuciosamente". Recomendou-se também, que os candidatos "estudassem particularmente sobre estes assuntos Hodge's *Commentary on the Confession of Faith* e Hodge's *Outlines of Theology*" (*Ata do Presbitério do Rio de Janeiro*, Sessão de 29/08/1870. Fonte manuscrita). Algumas obras de Teólogos de Princeton foram traduzidas e publicados ainda no século 19: A. A. Hodge, *Esboços de theologia* (Lisboa: Barata & Sanches, 1895) – essa obra, traduzida pelo rev. F.J.C. Schneider (1832-1910), era para circulação no Brasil. Reedição: A. A. Hodge, *Esboços de Teologia* (São Paulo: PES, 2001); C. Hodge, *O caminho da vida* (New York: Sociedade Americana de Tractados, [s.d.]), esta também traduzida pelo rev. Schneider. No século 20, tivemos no início a tradução da obra de outro teólogo de Princeton, Patton (1843-1932), então presidente do Seminário (1902-1913): Francisco L. Patton, *Compendio de doutrina* (Lisboa: Typ). Archibald A. Hodge, *Confissão de Fé Westminster comentada por A.A. Hodge* (São Paulo: Os Puritanos, 1999). Estes trabalhos representam a fina teologia de Princeton que aqui foi implantada, modelando a nossa teologia. Sigo aqui Boanerges Ribeiro: "A Teologia de Princeton modelou a prédica, a polêmica e a ação pastoral dos introdutores presbiterianos da Reforma no Brasil" (Boanerges Ribeiro, *Igreja Evangélica e República Brasileira (1889-1930)* [São Paulo: O Semeador, 1991], p. 201). À frente: "Creio que se pode afirmar que nosso núcleo inicial de reformadores, com variantes individuais inevitáveis, foi modelado pela teologia de Princeton" (Boanerges Ribeiro, *Igreja Evangélica e República Brasileira (1889-1930)*, p. 203.

[38] A influência de Princeton se estendeu para fora dos limites presbiterianos. Apenas como amostragem, citamos: Edgar Y. Mullins (1860-1928), teólogo batista e presidente do Seminário Batista do Sul em Louisville, foi influenciado pela teologia de Princeton, por intermédio de James P. Boyce (1827-1888), antigo aluno (1849-1852) de C. Hodge. (James P. Boyce, *Teologia sistemática: uma introdução aos pilares da fé* [Rio de Janeiro: Pro Nobis, 2020]. Veja também Mark A. Noll, ed. *The Princeton theology: 1812-1921*, p. 20 – a quem ele dedica a sua teologia; Edgar Y. Mullins, *La religión Cristiana en su expresión doctrinal*, 4. ed. corrigida (Buenos Aires: Casa Bautista de Publicaciones, 1980), p. v. Walter T. Conner (1877-1952) dedica a sua *Doctrina Cristiana*, aos seus mestres: Calvin Goodspeed, A.H. Strong e E.Y. Mullins. (W.T. Conner, *Doctrina Cristiana*, 4. ed. Buenos Aires: Casa Bautista de Publicaciones, 1978). Conner, foi aluno do já mencionado teólogo batista Edgar Y. Mullins (1860-1928) e de A.H. Strong (1835-1921) no Seminário de Rochester (New York). Um antigo aluno de Conner, escreveu dizendo que talvez ele tenha influenciado o "pensamento teológico entre os Batistas do Sul, mais que qualquer outra pessoa do nosso século." (James W.

Ribeiro resume na sua obra: "Turretini refuta Armínio quanto ao livre arbítrio; Amyraut, quanto à natureza da expiação; Lutero quanto aos sacramentos; a Igreja de Roma e os racionalistas quanto à natureza e autoridade da Bíblia".[39] O Seminário de Princeton, portanto, considera-se um legítimo defensor da Fé Reformada. Contudo, não pensemos nele como um todo monolítico, antes havia variedade de expressões partindo sempre do mesmo quadro de referência reformado, pautado na autoridade e suficiência da Escritura, por meio da qual avaliamos as nossas crenças, intuições e experiências. Em síntese, Bavinck assim conceitua a teologia de Princeton:

A assim chamada teologia de Princeton está, em grande parte, na reprodução do Calvinismo do século 17 como expresso na *Confissão de Westminster* e no *Consensus Helveticus* e elaborada especialmente por F. Turretin, em sua *Theologia Elenctica*.[40]

3) *Filosofia do senso comum*[41]

A filosofia do senso comum encontra o seu expoente no escocês Thomas Reid, pastor e professor de Filosofia Moral no Colégio Real de Aberdeen e, depois, da mesma disciplina na Universidade de Glasgow, sucedendo a Adam Smith.

Reid foi um leitor assíduo de John Locke e George Berkeley. Percebendo, contudo, que as implicações dessa filosofia empirista convergiriam para o aniquilamento da ciência, da

---

McClendon, *Teologos destacados del siglo XX*, 2. ed. Buenos Aires: Casa Bautista de Publicaciones, 1972, p. 53).
[39] Boanerges Ribeiro, *Igreja Evangélica e República Brasileira (1889-1930)* (São Paulo: O Semeador, 1991), p. 195.
[40] Herman Bavinck, *Dogmática reformada* (São Paulo: Cultura Cristã, 2002), v. 1, p. 202.
[41] Quanto a esse assunto, veja a obra de Donizeti Rodrigues Ladeia, *A matriz filosófica do oresbiterianismo no Brasil* (Goiânia: Cruz, 2016).

28   O PLANO DA SALVAÇÃO

religião, da virtude e do senso comum, como se observaria no ceticismo de David Hume, rompeu com esta acepção.

Portanto, a filosofia de Reid procura afirmar a realidade independente de nossa apreensão. Reid usou a expressão *senso comum*, referindo-se às crenças tradicionais de todo o gênero humano, aquilo que todos os homens creem ou deveriam crer.[42] O seu fundamento está no conceito de um senso comum a todos os homens, as crenças tradicionais da humanidade, cuja fonte está no Criador.[43] Ou seja, o senso comum é a base de nosso conhecimento por meio do qual podemos emitir juízos e fazer inferências. Mesmo o senso comum não podendo ser identificado com a razão, ele faz parte da razão comum de todos os homens em todos os tempos, ainda que nem todos o desenvolvam de forma plena. O senso comum é, dito de forma ampla, nas palavras de Francke "a razão em estado bruto, a razão sem a reflexão e sem a ciência".[44] A questão é: como isso se diluiu no Seminário de Princeton?

Quando o competente e culto rev. John Witherspoon assumiu a presidência do College of New Jersey de 1768 a 1794, além de reformular o currículo da instituição, dando-lhe uma configuração mais acadêmica, introduziu o pensamento de Reid, formando os futuros professores do Seminário de Princeton.

---

[42] Senso Comum: Nicola Abbagnano, *Dicionário de filosofia*, 2. ed. (São Paulo: Mestre Jou, 1982), p. 841b.
[43] Veja Donizeti Rodrigues Ladeia, *A matriz filosófica do Presbiterianismo no Brasil*, p. 73ss. É preciso observar que esses princípios não são infalíveis, nem "inspirados". (Veja John M. Frame, *A history of Western philosophy and theology* [Phillipsburg: P&R Publishing Company, 2015], p. 245).
[44] *Sens commun* In: M. Ad. Francke, dir., *Dictionnarie des Sciences Philosophiques*, 2. ed. (Paris: Librairie de L. Hachette et Cia., 1875], p.1585-7,1586a: https:// gallica.bnf.fr/ark:/12148/bpt6k220857q.pdf. Veja também: Théodore Jouffroy, *Mélanges Philosophiques*, 4. ed. (Paris: Librairie de L. Hachette et Cia., 1866), p. 105ss. (https://books.google.com.br/books?id=4AIOAAAAYAAJ&pg=PA105&d-q=M%C3%A9langes+Philosophiques&lr=&hl=pt-BR&source=gbs_toc_r&ca-d=4#v=onepage&q&f=false); Senso Comum In: André Lalande, *Vocabulário técnico e crítico da filosofia* (São Paulo: Martins Fontes, 1993), p. 998b.

Assim, esta filosofia obviamente se estendeu ao seminário. Na realidade, ela dominaria o cenário norte-americano por mais de 100 anos e ainda está presente exercendo a sua influência em nossos dias. Uma compreensão que se tornou predominante é que a verdade é autoevidente, não precisando de grandes elucubrações para ser descoberta. Desde modo, como exporia A. Alexander em 1812, há diversas verdades que podem ser consideradas evidentes por si mesmas:

1. A existência dos objetos dos sentidos e da consciência.
2. Verdades necessárias, como axiomas matemáticos.
3. Princípios filosóficos, como "todo efeito deve ser produzido por alguma causa", etc.
4. Verdades morais, como por exemplo, que há uma diferença essencial entre o bem e o mal moral; que a benevolência é melhor do que a malevolência, etc.
5. Fatos, relatados a nós por um número suficiente de testemunhas competentes, passadas ou presentes, como a de que homens como César e Pompeu existiram um dia; que havia um belo edifício anteriormente em Jerusalém chamado de Templo, etc.
6. Verdades fundadas na experiência uniforme de que o sol nascerá amanhã; esse fogo vai queimar na próxima hora, bem como bem como o presente.
7. A memória.[45]

Segundo os teólogos princetonianos, tais verdades serviriam como pontos fundamentais na mente humana para embasar bons argumentos contra o ceticismo, sustentando, entre outras coisas, a existência de Deus e a veracidade das Escrituras.

---

[45] *The Princeton theology 1812–1921: Scripture, science, and theological method from Archibald Alexander to Benjamin Warfield* (Edição do Kindle, pos. 781-786).

30 O PLANO DA SALVAÇÃO

Charles Hodge, por exemplo, ilustrou este método em sua *Teologia sistemática*, considerando que as verdades religiosas "são percebidas pelo coração e pela consciência".[46] Mais adiante, acrescenta: "O verdadeiro método em teologia requer que os fatos da experiência religiosa sejam aceitos como fatos; e, quando devidamente autenticados pela Escritura, sejam permitidos para interpretar as afirmações doutrinais da Palavra de Deus".[47] Depois de examinar diversos métodos, Hodge conclui:

> O verdadeiro método de teologia é, pois, o indutivo, o qual presume que a Bíblia contém todos os fatos ou verdades que forma o conteúdo da teologia, justamente como os fatos da natureza formam o conteúdo das ciências naturais. Presume--se também a relação dos fatos bíblicos com outros, os princípios envolvidos neles, as leis que os determinam, está nos próprios fatos e deles é deduzida, da mesma forma que as leis da natureza se deduzem dos fatos da natureza.[48]

Esse princípio pode ser associado à compreensão de Calvino de que todo homem traz consigo o *senso da divindade* – a ideia de Deus e a propensão para crer nele.[49] A conclusão lógica é que Deus nos deu um sentido para poder conhecer a verdade. Por isso, há uma correspondência natural entre a nossa capacidade de percepção e aquilo que é percebido. Podemos confiar no que percebemos até termos motivos para duvidar de nossa apreensão.[50] Portanto, considerando que

---

[46] Charles Hodge, *Teologia sistemática* (São Paulo: Hagnos, 2001), p. 9.
[47] Ibidem, p. 12.
[48] Ibidem, p. 12-3.
[49] Vejam: João Calvino, *Instrução na Fé* (Goiânia: Logos Editora, 2003), cap. 1, p. 11; João Calvino, *As Institutas* (São Paulo: Cultura Cristã, 2006), I.3.1-2; João Calvino, *Exposição de Hebreus* (São Paulo, Paracletos, 1997) (Hb 11.6), p. 305; João Calvino, *O livro dos Salmos* (São Paulo: Paracletos, 1999), v. 1, (Sl 8.5), p. 167.
[50] Veja: Ronald H. Nash, *Questões últimas da vida: uma introdução à filosofia* (São Paulo: Cultura Cristã, 2008), p. 296-314; Donizeti Rodrigues Ladeia, *A matriz filosófica do presbiterianismo no Brasil*, p. 100-1.

"toda revelação externa sobrenatural é dirigida aos sentidos", podemos confiar neles, sendo essa confiança "uma forma de confiar em Deus".[51] Já que a revelação de Deus tem por objetivo mostrar o seu Autor – Deus é o substantivo da sua revelação –, não teria nenhum valor a revelação objetiva de Deus se não houvesse, concomitantemente, uma potencialidade de recepção subjetiva para ela. Caso contrário, seria uma revelação que não se descobriria, não se tornaria acessível. Esta revelação ecoa em nós pelo fato de Deus o fazer em categorias compreensíveis à nossa mente – conforme Ele a criou – já que o Senhor se "acomoda" à nossa compreensão.[52]

Em termos mais simples, Deus se revela de modo que possa ser entendido. Ele mesmo criou o homem e o dotou dessa potencialidade. Nossa mente, na condição de criatura, se conforma à racionalidade de Deus. Aliás, a pressuposição dessa capacidade de compreensão do mundo é o que torna a ciência possível. Entretanto, a incompreensão do homem não inutiliza o valor da revelação de Deus. Ela é o que é independentemente da apreensão humana.

A despeito do pecado, continuamos sendo a imagem de Deus,[53] carregando conosco o senso do divino, sendo,

---

[51] Charles Hodge, *Teologia sistemática* (São Paulo: Hagnos, 2001), p. 45.

[52] Considerando a distância qualitativa entre Deus e o homem, Calvino sustenta que Deus em sua graça se acomoda à nossa compreensão, adaptando-se de forma condescendente à nossa limitação. Veja, por exemplo: João Calvino, *As Institutas*, I.17.13; John Calvin, *Calvin's Commentaries* (Grand Rapids: Baker, 1996), reimpr. v. 1/1, (Gn 3.8), p. 161; v. 11/2, (Ez. 9.3,4), p. 304; João Calvino, *Exposição de Romanos* (São Paulo: Paracletos, 1997), (Rm 1.19), p. 64; João Calvino, *O livro dos Salmos* (São Paulo: Paracletos, 1999), v. 1, (Sl 13.3), p. 265; João Calvino, *O Livro dos Salmo* (São Paulo: Paracletos, 2002), v. 3, (Sl 78.65), p. 241; (Sl 91.4), p. 447; (Sl 93.2), p. 474; (Sl 106.23), p. 685.

[53] "O Senhor ordena que façamos o bem a todos, sem exceção, apesar do fato de que em sua maior parte são indignos, se os julgarmos segundo os seus próprios méritos. Mas a Escritura não perde tempo e nos admoesta no sentido de que não temos que observar tais ou quais méritos dos homens, mas, antes, devemos considerar em todos eles a imagem de Deus, a qual devemos honrar e amar. Singularmente, o apóstolo nos exorta a que a reconheçamos nos da 'família da fé' (Gl 6.10), visto que neles a imagem de Deus é renovada e restaurada

32   O PLANO DA SALVAÇÃO

portanto, incuravelmente religiosos. Além disso, como regenerados, temos o seu Espírito que nos ilumina para podermos
ter uma compreensão verdadeira das Escrituras.

Podemos descansar na certeza gloriosa de saber que podemos conhecê-lo, ainda que limitadamente, porém, de modo
verdadeiro, suficiente e claro. Este conhecimento, por sua vez,
nos liberta para que possamos conhecer genuinamente a nós
mesmos e as demais coisas da realidade, possibilitando-nos
ter uma dimensão adequada de todas as coisas.

Conhecer a Deus confere sentido à vida em toda a sua
amplitude e esferas, no âmbito temporal e eterno. Portanto,
o conhecimento de Deus capacita-nos a enxergar a realidade
em suas múltiplas facetas com os seus valores próprios confe-
ridos pelo próprio Deus que a sustenta. A verdade nos liberta
(João 8.32).

Portanto, em Princeton encontramos um forte vigor teológico, herdado em boa parte da ortodoxia protestante; e uma
grande vivacidade espiritual, herdada, parcialmente do pietismo e do puritanismo, sintetizada ainda que de forma tênue
nos avivamentos americanos e personificada em Archibald Alexander, seu primeiro professor e mentor espiritual. Alexander, por sua vez, ensinou seu método a Charles Hodge. Este, o
transmitiu a seu filho, A.A. Hodge. Finalmente, Warfield, nosso
autor, o aprendeu com James McCosh (1811-1894), presidente
do Princeton College de 1868 a 1888.

Estou convencido de que o estudo sério da Palavra, com
oração e humildade, e uma prática acadêmica e eclesiás-
tica laboriosa condizente com os ditames da Palavra, conforme se observa na Antiga Princeton, se constituem em um
padrão para a Igreja de Cristo em todas as épocas e lugares. O

---

pelo Espírito de Cristo" (João Calvino, As Institutas da religião cristã: edição
especial com notas para estudo e pesquisa [São Paulo: Cultura Cristã, 2006], v.
4, (IV.17), p. 190).

princípio paulino permanece: "A piedade para tudo é proveitosa". (1Timóteo 4:8).

O "leão" da velha Princeton

Benjamin Breckinridge Warfield nasceu em "Gransmere", perto de Lexington, Kentucky, no dia 5 de novembro de 1851, de uma nobre família presbiteriana de ascendência, pelo lado paterno, de puritanos ingleses.

Proveniente de uma família abastada e piedosa, teve uma esmerada formação intelectual. Desde menino cultivava o gosto por ciências empíricas, lendo com entusiasmo as obras do prestigiado naturalista John James Audubon e de outro naturalista e biólogo, Charles Darwin.

Nas escolas por onde passou, obteve prêmios acadêmicos por sua alta capacidade que se transformava em aprovação com notas, em geral, superiores às de seus colegas. Com 19 anos, em 1871, graduou-se com as maiores honra no Princeton College.

Sua formação espiritual também era intensa. Sua família pertencia à membresia da Segunda Igreja Presbiteriana de Lexington e o ensinou em casa a estudar as Escrituras e o Breve Catecismo de Westminster com cursos regulares nas tardes de sábado.

Durante uma viagem para estudar na Europa, mais especificamente em Heidelberg, entre 1872 e 1873, Warfield comunicou, para surpresa e alegria de sua família, sua decisão de se preparar para o ministério pastoral. Assim, em 1873, ingressou no Seminário de Princeton, graduando-se em 1876. Nesse período teve a oportunidade de estudar com Charles Hodge, que acabara de publicar sua *Teologia sistemática*, e por quem Warfield nutria um profundo respeito.

No mesmo ano de sua formatura, no dia 3 de agosto de 1876, casou-se com a jovem, brilhante e espirituosa Annie

34   O PLANO DA SALVAÇÃO

Pearce Kinkead e logo partiram para a Europa em lua-de-mel para continuar seus estudos teológicos. Neste período, quando o jovem casal caminhava nas montanhas de Harz, no norte de Alemanha, houve uma forte tempestade. Ao que parece a jovem sra. Warfield foi acometida de um distúrbio no seu sistema nervoso, do qual nunca se recuperou totalmente. Isso demandaria durante toda a vida do casal uma bela demonstração de amor e cuidado por parte de Warfield para com a sua esposa.

Concluídos seus estudos de Pós-Graduação na Universidade de Leipzig (1876-1877), Warfield aceitou o convite para lecionar no Western Theological Seminary,[54] em Allegheny, Pensilvânia, tornando-se professor de tempo integral em 1879. Um ano depois, doutorou-se em teologia no New Jersey College. Ao longo de sua vida de intensos e profundos estudos, obteria vários títulos: Doutor em Direito (por duas instituições: New Jersey College e Davidson College); Doutor em Letras (Lafayette College, 1911); e o de *Sacrae Theologiae Doctor* (Universidade de Ultrecht, 1913). Kuyper, amigo de muitos anos, então lhe escreveu congratulando-o por essa honra.[55]

---

[54] Fundado em 1866 pela Igreja Reformada na América.
[55] Cf. David B. Calhoun, *Princeton Seminary: the majestic testimony* – 1869-1929 (Carlisle: The Banner of Truth Trust, 1996), v. 2, p. 315. Ambos cultivavam uma respeitosa amizade a despeito de pontos divergentes, tais como fé e razão. Veja, por exemplo: George M. Marsden, *Understanding Fundamentalism and Evangelicalism* (Grand Rapids: Eerdmans,1991), p. 122ss.). Anteriormente, Warfield fizera com enorme satisfação uma "Nota introdutória" à tradução inglesa de boa parte de um livro de Kuyper, publicado pela Charles Scribner's Sons (1898). Disponho de outra edição: Abraham Kuyper, *Principles of Sacred Theology* (Grand Rapids: Baker, 1980). Dois anos depois, Warfield faria outra "Nota introdutória" de um volumoso livro de Kuyper (1900): Abraham Kuyper, *A obra do Espírito Santo* (São Paulo: Cultura Cristã, 2010). Warfield era denominado por alguns de seus alunos de "Kuyper americano". Por sua vez, uma das filhas de Kuyper traduziu algumas obras de Warfield para o holandês. (B.B. Warfield, *Calvijn als theoloog en de stand van het Calvinisme in onzen tijd*, trans. C.M.E. Kuyper, with a Preface by H. Bavinck (Kampen: Kok, 1919). B.B. Warfield, *Het godsdienstige leven van den theologischen student*, trans. C.M.E. Kuyper (Kampen: Kok, 1920), first published in *De Heraut*. 4–25 May 1913 (original English version: 'The Religious Life of Theological Students', *Union Seminary Magazine*,

Em 1887 aceitou o convite para substituir o falecido A.A. Hodge (1823-1886) como Professor de Didática e de Teologia Polêmica e também como diretor no Seminário de Princeton (1887-1902). Warfield permaneceria como professor até a sua morte. Ele faleceu no dia 16 de fevereiro 1921, por volta das 22h, horas depois de ter ministrado, à tarde, sua aula derradeira. Warfield não escreveu um livro-texto de teologia sistemática. Valeu-se, sem maiores pretensões, da *Teologia sistemática* de seu antigo mestre, o velho Hodge. No entanto, a sua obra é vastíssima. Ele era muito querido por seus alunos. Era um homem educado, manso e discreto. Porém, quando se tratava da defesa das Escrituras conforme os Padrões de Westminster, era lúcido, vigoroso e penetrante. Foi um verdadeiro leão na defesa da teologia de Princeton diante de novos desafios. Como profícuo, prolífico e profundo teólogo, seus textos foram publicados em jornais, periódicos acadêmicos, verbetes de dicionários e livros, sendo repletos de profundos conhecimentos exegéticos, históricos, teológicos e dogmáticos. Como o último professor de teologia sistemática da antiga Princeton, foi um sério e fervoroso defensor da inerrância bíblica.[56] O seu estilo é sóbrio, erudito e, em geral, impossível de ser refutado. Seus escritos combinam de forma admirável uma exegese rigorosa com uma profunda visão sistemática das Escrituras e uma genuína piedade.

---

24 (December 1912/January 1913): 208–22). (Veja o elucidativo e bem documentado artigo de Peter S. Heslam, um grande especialista em Kuyper. (https://www.thegospelcoalition.org/themelios/article/architects-of-evangelical-intellectual-thought-abraham-kuyper-and-benjamin-warfield/). (Consulta feita em 10.07.21).

[56] Benjamin B. Warfield, A *Inspiração e autoridade da Bíblia* (São Paulo: Cultura Cristã, 2010). Veja uma boa discussão a respeito do assunto envolvendo a posição de Warfield em: John H. Gerstner, "A atitude da igreja perante a Bíblia: Calvino e os teólogos de Westminster", In: Norman Geisler, org. A *inerrância da Bíblia* (São Paulo: Vida, 2003), p. 461-96 e, especialmente, Henry Krabbendam, "A Escritura: B.B. Warfield x G.C. Berkouwer" In: Norman Geisler, org. A *inerrância da Bíblia* (São Paulo: Vida, 2003), p. 497-539.

36   O PLANO DA SALVAÇÃO

Mesmo existindo uma coleção de textos de 10 volumes reunidos postumamente (1932),[57] essa coleção é apenas uma parte de sua herança acadêmica e espiritual, uma vez que Warfield também escreveu artigos em dezenas de periódicos, textos que aos poucos vão sendo reunidos. Neste propósito, o teólogo batista Fred G. Zaspel fez um ótimo trabalho reunindo e classificando muitos de seus textos em uma ordem sistemática.[58]

Conforme mencionei antes, o texto que o leitor tem em mãos é resultado de uma série de palestras feitas pelo autor em Princeton em 1913, sendo primeiramente publicadas em 1915. Warfield, com sua costumeira acuidade, apresenta a visão de alguns sistemas sobre a "ordem dos decretos" e como eles interpretam a salvação: ela provém unicamente de Deus ou do homem? Nós participamos de alguma forma nesse processo? Qual o meio usado por Deus para que sejamos salvos? Jesus Cristo morreu por todos? Todos aqueles por quem Ele morreu serão salvos? Todos serão salvos? Estas são algumas das questões descortinadas pelo autor, o qual avalia honestamente a posição de cada sistema, demonstrando as suas respectivas fragilidades bíblicas. É um trabalho valioso pela sua clareza, fidelidade e demonstração de algumas implicações de cada sistema nem sempre percebidas.

O *plano da salvação* é uma leitura erudita, agradável, compreensiva, esclarecedora e edificante. Quer você concorde com a posição de Warfield, quer não, certamente você será instruído. Sobre o impacto, ainda que não solitário, da obra de Warfield sobre Lloyd-Jones, Murray resume: "Warfield deu-lhe nova percepção da necessidade de ensino doutrinário. Embora

---

[57] A primeira edição foi publicada pela Oxford University Press (1932). Disponho de uma reimpressão: B.B. Warfield, *The works of Benjamin B. Warfield* (Grand Rapids: Baker Book House, 2000) reimpr, 10 v.
[58] Veja-se: Fred G. Zaspel, *The theology of B. B. Warfield: a systematic summary* (Wheaton: Crossway, 2010).

não deixando de ser um evangelista, ele agora foi levado à forte convicção de que se requeria algo mais".[59]

Que esta leitura o conduza a um espírito de maior gratidão a Deus e a um desejo ardente de levar adiante a mensagem redentora que Deus confiou à sua igreja: a salvação em Cristo Jesus nosso Senhor.

Recomendo com grande entusiasmo e alegria esta obra.

- REV. HERMISTEN M.P. COSTA

Maringá, 10 de julho de 2021.

---

[59] Iain H. Murray, A vida de Martyn Lloyd-Jones 1899-1981: uma biografia (São Paulo: PES, 2014), p. 172.

As diferentes concepções

Mas vós sois dele, em Cristo Jesus
(1Coríntios 1:30)

O assunto para o qual nossa atenção é conduzida nesta série de palestras é comumente chamado de "O Plano da Salvação". Sua designação mais técnica é "A Ordem dos Decretos". Essa designação técnica tem a vantagem sobre a mais popular de definir com maior precisão o escopo do assunto. Isso normalmente não se limita aos processos de salvação em si, mas geralmente inclui todo o curso da interação divina com o homem que termina em sua salvação. Dentro desse assunto, não é raro incluir a Criação e, é claro, a Queda e a condição do homem trazida pela Queda. Entretanto, essa parte do assunto pode, certamente com alguma exatidão, ser considerada uma pressuposição, e não uma parte substancial do assunto em si; e, assim, não há muito prejuízo se seguirmos a designação mais popular. Por ser mais tangível, ela tem uma vantagem que não deveria ser considerada pequena; e, acima de tudo, tem o mérito de colocar a ênfase no assunto principal, a salvação. A série de atividades divinas examinadas aqui deve, em todo caso, girar em torno disso e ter como seu alvo imediato a salvação do homem pecador. Quando as implicações disso são consideradas de forma adequada, não se exige muita argumentação para justificar a designação de tudo pelo termo "O Plano da Salvação".

Não parece necessário parar para discutir a questão anterior de se Deus, em suas atividades salvíficas, age segundo um plano. No teísmo já se presume que Deus age segundo um plano em todas as suas atividades e, portanto, também em suas atividades salvíficas. Ao se estabelecer um Deus pessoal a questão se encerra, pois "pessoa" significa "propósito": o que precisamente distingue uma pessoa de uma coisa é que os modos de ação da primeira são intencionais, em que tudo é direcionado a um fim e prossegue por meio da escolha de meios para esse fim. Mesmo o deísta, portanto, deve aceitar que Deus tem um plano. Podemos, sem dúvida, imaginar uma forma extrema de deísmo, na qual pode ser argumentado que Deus não se preocupa com tudo o que acontece em seu universo; que, após criá-lo, ele dá as costas ao universo e permite que este siga seu curso até qualquer fim que possa lhe sobrevir, sem que Deus jamais volte a pensar nisso novamente. Contudo, é desnecessário dizer que essa forma extrema de deísmo não existe de fato. Entretanto, por mais estranho que pareça, há alguns – como teremos ocasião de observar – que parecem pensar que, na questão particular da salvação do homem, Deus age, em grande parte, de acordo com essa maneira indiferente.

O que o deísta verdadeiro defende é a lei. Ele concebe que Deus confia seu universo não a um capricho imprevisto e improvisado, mas à lei; lei que Deus imprimiu em seu universo e sob cuja direção ele pode confiantemente deixar seu universo. Isso significa que mesmo o deísta concebe que Deus tem um plano, um plano que envolve tudo o que acontece no universo. Ele difere do teísta apenas quanto aos modos de atividade pelos quais concebe que Deus leva esse plano adiante. O deísmo envolve uma concepção mecânica do universo. Deus criou uma máquina e, porque essa máquina é boa, ele pode deixá-la realizando não os fins dela, mas os dele. Assim, ele pode criar um relógio e, então, porque é um relógio bom, deixá-lo marcar os segundos, apontar os minutos, indicar as horas, riscar os dias do mês e mudar as fases da lua e das marés; e, se ele quiser, pode colocar um cometa que aparecerá na tela, mas apenas uma vez na vida do relógio, não erraticamente, mas quando, onde e como ele preparou que aparecesse. O relógio não segue o seu próprio rumo, segue o nosso, a maneira como o preparamos para seguir; e o relógio de Deus, o universo, não segue seu rumo, mas o rumo de Deus, como ele o ordenou, produzindo os eventos com precisão mecânica. Essa é uma concepção abrangente – a concepção deísta de lei. Ela nos liberta do acaso. Mas ela só faz isso para nos jogar nas engrenagens de uma máquina. Assim, não é a mais abrangente das concepções. A concepção mais abrangente é a do teísmo, que nos liberta até da lei e nos coloca nas mãos imediatas de uma pessoa. É ótimo ser liberto do domínio desordenado do acaso sem rumo. Tique, ou Fortuna, era uma das mais terríveis divindades do mundo antigo, tão terrível quanto e dificilmente distinguível do Destino[1]. É ótimo estar sob o controle de um propósito inteligente. Mas faz toda diferença se o propósito é executado por mera lei, agindo automaticamente, ou pelo controle pessoal sempre presente da própria pessoa. Não há nada mais ordenado que o controle de uma pessoa, cujas ações são todas governadas por um propósito inteligente, direcionadas a um fim.

Se cremos em um Deus pessoal e, ainda mais como teístas, se cremos no controle imediato desse Deus pessoal sobre o mundo que ele criou, então devemos crer em um plano por

---

[1] Na mitologia grega, Tique era a divindade responsável por controlar a prosperidade de uma cidade, assim como também a sua sorte; fosse ela boa ou ruim. Na mitologia romana, recebeu o nome de Fortuna. Geralmente era retratada com uma venda nos olhos, simbolizando riscos e incertezas. (N. do E.)

trás de tudo o que Deus faz e, portanto, também em um plano de salvação. A única questão que pode surgir diz respeito não à realidade, mas à natureza desse plano. Quanto à sua natureza, contudo, deve ser admitido que muitas opiniões divergentes têm sido defendidas. De fato, praticamente quase toda opinião possível já foi anunciada em um momento ou outro, em uma época ou outra. Mesmo se deixarmos todas as opiniões não cristãs de lado, dificilmente precisaríamos modificar essa declaração. Linhas de separação foram estabelecidas pela igreja; grupos têm se levantado contra grupos; e diferentes tipos de crença que se desenvolveram equivalem a nada mais que diferentes sistemas de religião, que partilham pouco mais do que o mero nome geral de cristão, reivindicado por todas elas.

Meu propósito neste capítulo é trazer diante de nós, em um rápido exame, essas diversas opiniões, conforme elas têm sido defendidas por grandes grupos na igreja, para formar alguma concepção de seu alcance e relações. Isso pode ser feito de forma mais conveniente ao se observar, pelo menos em uma etapa inicial, apenas os grandes pontos de diferença que as separam. Eu as enumerarei em ordem de importância, começando com as diferenças mais profundas e de amplas consequências que dividem os cristãos, e, depois, analisando aquelas de efeito menos significativo.

A primeira diferença

Para começar, o abismo mais profundo que separa os homens que se chamam cristãos em suas concepções do plano de salvação é aquele que divide o que podemos chamar de visões naturalista e sobrenaturalista. A linha de separação aqui é se, na questão da salvação do homem, Deus simplesmente planejou deixar o homem salvar a si mesmo, em uma proporção maior ou menor, ou se ele planejou intervir para salvá-lo. A questão entre o naturalista e o sobrenaturalista é, portanto, eminentemente simples, mas bastante real: o homem salva a si mesmo ou Deus o salva?

O esquema consistentemente naturalista é conhecido na história da doutrina como pelagianismo. O pelagianismo, em sua essência, afirma que todo o poder exercido para salvar o homem é inato ao próprio homem. No entanto, o pelagianismo não é meramente uma questão histórica e nem sempre existe em sua forma básica. Assim como os pobres em bens materiais sempre estão conosco, os pobres em bens espirituais também sempre estão conosco. De fato, pode-se pensar que nunca houve um período na história da igreja em que concepções naturalistas do processo de salvação fossem mais difundidas ou radicais do que atualmente. Nos dias de hoje, um pelagianismo que "pelagianiza" o próprio Pelágio na integralidade de seu naturalismo está, de fato, intensamente em voga entre os autoconstituídos líderes do pensamento cristão.

Por toda parte, igualmente em todas as comunidades religiosas, há concepções atuais que atribuem ao homem, no uso de seus poderes inatos, pelo menos a atividade decisiva na salvação da alma, ou seja, supõem que Deus planejou que aqueles que seriam salvos seriam os que, no momento decisivo, salvariam a si mesmos de uma forma ou outra.

Essas chamadas visões intermediárias são obviamente, em princípio, visões naturalistas, uma vez que – qualquer que seja o papel que elas permitem que Deus desempenhe nas circunstâncias da salvação –, quando chegam ao ponto fundamental da salvação em si, elas lançam o homem de volta para seus poderes inatos. Ao fazer isso, elas se separam definitivamente da visão sobrenaturalista do plano de salvação e, assim, do testemunho unido de toda a igreja organizada, pois, por mais que as visões naturalistas tenham se infiltrado na membresia

44   O PLANO DA SALVAÇÃO

das igrejas, toda a igreja organizada – ortodoxa oriental, católica romana e protestante em todas as suas grandes formas históricas (luterana e reformada, calvinista e arminiana) – sustentam seu testemunho consistente, firme e enfático da concepção sobrenaturalista da salvação. Nós temos de peregrinar até a periferia da cristandade, àquelas seitas de duvidosa participação no corpo eclesiástico cristão, por exemplo, unitaristas, para encontrar uma instituição organizada de cristãos com algo diferente de uma confissão sobrenaturalista.

Essa confissão, em oposição direta ao naturalismo, declara com ênfase que é o Senhor Deus, e não o homem, quem salva a alma; e, para evitar qualquer equívoco, não teme a declaração completa e afirma, com entendimento pleno do assunto, precisamente que todo o poder exercido na salvação da alma vem de Deus. Aqui, então, está o limite decisivo que separa os dois grupos. O sobrenaturalista não fica satisfeito em dizer que vem de Deus parte do poder exercido na salvação da alma; tampouco em dizer que a maior parte do poder exercido na salvação da alma vem de Deus. Ele afirma que todo o poder exercido na salvação da alma vem de Deus; que qualquer papel do homem no processo salvífico é secundário, sendo efeito da operação divina; e que Deus, e somente ele, salva a alma. Nesse sentido, toda a igreja organizada é sobrenaturalista, em toda a extensão de seu testemunho oficial.

Diferenças entre sobrenaturalistas

Em segundo lugar, há, sem dúvida, diferenças entre os sobrenaturalistas, as quais não são pequenas ou insignificantes. A mais profunda delas separa os sacerdotalistas e os evangélicos. Ambos são sobrenaturalistas, isto é, eles concordam que todo o poder exercido na salvação da alma vem de Deus. Eles diferem em sua concepção da maneira como o poder de Deus, pelo qual a salvação é efetuada, é exercido sobre a alma. O exato ponto de distinção entre eles se encontra na questão de se Deus, por quem o poder da salvação é exclusivamente operado, salva homens ao lidar imediatamente com eles como indivíduos ou apenas depois de estabelecer meios sobrenaturalmente dotados no mundo, por meio dos quais os homens podem ser salvos. A questão diz respeito à mediação ou não das operações salvíficas de Deus: Deus salva os homens por operações imediatas de sua graça sobre as almas deles ou ele age sobre eles somente através de meios estabelecidos para esse propósito? A forma comum do sacerdotalismo é oferecida pelo ensino da Igreja de Roma. Nesse ensino, a igreja é considerada a instituição da salvação, por meio da qual a salvação é transmitida aos homens de forma exclusiva. Fora da igreja e de suas ordenanças, a salvação não é encontrada; a graça é comunicada por intermédio das ministrações da igreja, e não de outra forma. As duas máximas, portanto, estão em vigor: onde está a igreja, aí está o Espírito; fora da igreja, não há salvação. Contudo, o princípio sacerdotal está presente onde quer que os meios pelos quais a graça salvífica se comunica à alma são considerados indispensáveis para a salvação; e é dominante onde essa indispensabilidade torna-se absoluta. Assim, o que chamamos de "meios de graça" recebem a "necessidade dos meios" e se tornam, no sentido estrito, não apenas a condição indispensável (*sine quibus non*), mas a própria essência (*quibus*) da salvação.

Em contrapartida, o evangelicalismo, buscando conservar o que entende ser o único sobrenaturalismo consistente, remove qualquer intermediário entre a alma e seu Deus, deixando a alma dependente de Deus apenas para a salvação, na qual ele opera através de sua graça imediata. É diretamente de Deus, e não dos meios de graça, que o evangélico se sente dependente

46 O PLANO DA SALVAÇÃO

para a salvação; é diretamente em Deus, e não nos meios de graça, que ele procura a graça; e ele proclama o Espírito Santo não apenas como capaz de agir, mas como de fato operante onde, quando e como ele desejar. Ele concebe a igreja e suas ordenanças como instrumentos que o Espírito usa em vez de agentes que empregam o Espírito Santo para operar a salvação. Em direta oposição às máximas do sacerdotalismo consistente, o evangelicalismo tem como seus lemas os seguintes: onde está o Espírito, aí está a igreja; fora do corpo de santos, não há salvação. Ao descrevermos o evangelicalismo assim, não podemos deixar de notar que também descrevemos o protestantismo. De fato, todo o corpo eclesiástico do protestantismo confessional é evangélico em sua visão do plano da salvação, incluindo seus ramos luterano e reformado, arminiano e calvinista. O protestantismo e o evangelicalismo são, assim, contíguos, se não exatamente sinônimos. Assim como todo cristianismo organizado é claro e enfático em sua confissão de um sobrenaturalismo puro, todo o protestantismo organizado é igualmente claro e enfático em sua confissão do evangelicalismo. O evangelicalismo, portanto, apresenta-se para nós como a concepção distintamente protestante do plano de salvação; e talvez não seja estranho que, em sua oposição imediata ao sacerdotalismo, a oposição mais profunda ao naturalismo que ele igualmente – na verdade, primariamente – personifica se perca de vista. O evangelicalismo não deixa de ser fundamentalmente antinaturalista ao tornar-se antissacerdotal: seu protesto primário continua a ser contra o naturalismo e, quando se opõe ao sacerdotalismo, também é o mais consistentemente sobrenaturalista, recusando-se a admitir quaisquer intermediários entre a alma e Deus, sendo este a única fonte da salvação. Portanto, só existe verdadeiro evangelicalismo quando se ouve claramente a dupla confissão de que todo o poder exercido na salvação da alma vem de Deus e que Deus, em suas operações salvíficas, age diretamente sobre a alma.

Diferenças entre evangélicos

Ainda assim, permanecem diferenças, variadas e profundas, que dividem os evangélicos entre si. Todos os evangélicos concordam que todo o poder exercido na salvação vem de Deus e que Deus atua diretamente sobre a alma em suas operações salvíficas. No entanto, quanto aos métodos exatos empregados por Deus para trazer muitos filhos à glória, eles diferem muito uns dos outros. Alguns evangélicos chegaram à sua posição evangélica por um processo de modificação, em forma de correção, aplicada a um sacerdotalismo fundamental, e com base nessa modificação conseguiram encontrar uma saída. Naturalmente, elementos desse sacerdotalismo subjacente permaneceram impregnados em suas construções e dão o tom a toda a sua maneira de conceber o evangelicalismo. Há outros evangélicos cujas concepções são igualmente influenciadas por um naturalismo implícito, com base no qual eles formaram sua melhor confissão por um processo parecido de modificação e correção. O mais antigo desses grupos é representado pelos luteranos evangélicos, que consequentemente gostam de falar de si mesmos como adeptos de uma "Reforma conservadora", isto é, como se tivessem formado seu evangelicalismo com base no sacerdotalismo da Igreja de Roma, do qual eles − dolorosamente, talvez, mas nem sempre perfeitamente − saíram. O outro grupo é representado pelos arminianos evangélicos, cujo evangelicalismo é uma correção causada pela sensação evangélica de haver um semipelagianismo tácito entre os remonstrantes holandeses. Contra todas essas formas, há ainda outros evangélicos cujo evangelicalismo é a mais

48 O PLANO DA SALVAÇÃO

pura expressão do princípio evangélico fundamental, sem a inserção de elementos externos.

Em meio a essa variedade, não é fácil estabelecer um princípio de classificação que nos permitirá discriminar entre as principais formas que o evangelicalismo assume com uma clara linha de demarcação. Esse princípio, entretanto, parece ser fornecido pela oposição entre o que podemos chamar de concepções universalistas e particularistas do plano de salvação. Todos os evangélicos concordam que todo o poder exercido na salvação da alma vem de Deus e que esse poder salvífico é exercido imediatamente sobre a alma. Porém, eles discordam sobre se Deus exerce esse poder salvífico igualmente ou, pelo menos, indiscriminadamente sobre todos os homens, salvos ou não, ou apenas sobre homens específicos, a saber, aqueles que são realmente salvos. O ponto de divisão aqui é se concebemos que Deus planejou por si mesmo salvar os homens por sua graça onipotente e totalmente eficaz, ou se planejou somente derramar sua graça sobre os homens para capacitá-los a serem salvos, sem realmente assegurar, contudo, que eles seriam salvos em cada caso particular.

A controvérsia específica daqueles que tenho chamado de universalistas é que, embora todo o poder exercido na salvação da alma venha de Deus e esse poder seja exercido por ele imediatamente sobre a alma, tudo o que Deus faz, olhando para a salvação dos homens, ele faz por todos os homens igualmente e para eles, sem discriminação. À primeira vista, parece que isso resultará em uma doutrina da salvação universal. Se é o Senhor Deus quem salva a alma, e não o próprio homem; se o Senhor Deus salva a alma ao operar diretamente sobre ela em sua graça salvífica; e, por fim, se o Senhor Deus opera assim em sua graça salvífica sobre todas as almas igualmente; logo, parece inevitável seguir a ideia de que todos são

AS DIFERENTES CONCEPÇÕES

salvos. Portanto, às vezes têm surgido evangélicos sérios que vigorosamente argumentaram, usando precisamente esses argumentos, que todos os homens são salvos: a salvação vem completamente de Deus; Deus é todo-poderoso; logo, como Deus opera a salvação por sua graça onipotente em todos os homens, todos os homens serão salvos. Contudo, a grande massa dos universalistas evangélicos tem renunciado esse universalismo consistente, compelidos pela clareza e ênfase da declaração bíblica de que, na realidade, nem todos os homens serão salvos. Eles se encontram, assim, diante de um grande problema; e vários esforços foram feitos para explicar as atividades de Deus em relação à salvação como plenamente universalistas, embora seu objeto seja particularista; ainda assim, o princípio evangélico fundamental é preservado, isto é, somente a graça de Deus salva a alma. Esses esforços nos deram em especial os dois grandes sistemas do luteranismo evangélico e do arminanismo evangélico. A divergência característica dos dois é que toda a salvação está somente nas mãos de Deus e que tudo o que Deus faz, em relação à salvação, é dirigido indiscriminadamente a todos os homens, ainda que nem todos sejam salvos.

Contra esse universalismo inconsistente, outros evangélicos defendem que o particularismo ligado ao objeto do processo salvífico deve também pertencer ao processo em si, simplesmente porque é Deus, e somente Deus, quem salva. Por causa de seu evangelicalismo em comum e também do sobrenaturalismo subjacente, que é comum a todos os cristãos, pois nenhum dos dois encontraria a sua identidade de outra forma – na verdade, por causa da própria essência da verdadeira religião –, eles defendem que Deus lida durante todo o processo da salvação não com homens em um agregado coletivo, mas com pessoas individuais uma a uma, as quais ele alcança com sua graça e a quem ele, por sua graça, traz

50 O PLANO DA SALVAÇÃO

a salvação. Por ser ele quem salva os homens, por salvá-los mediante operações imediatas em seus corações e pelo fato de sua graça salvífica consistir em sua onipotência efetuando a salvação, os homens devem a ele, em todo e qualquer caso, sua salvação real (e não apenas a oportunidade geral de serem salvos). Portanto, a Deus, e a Deus somente, pertence a glória em cada caso, a qual ninguém pode compartilhar com ele. Assim, eles afirmam que, a fim de a correta atribuição evangélica do *soli Deo gloria* [glória somente a Deus] ser verdadeira e não perder seu significado ou força, é preciso entender que Deus garante que todo aquele que é salvo tenha tudo o que é necessário para sua salvação e, acima de tudo, o próprio fato de que este seja salvo. Portanto, a questão exata que divide os universalistas e os particularistas é apenas se a graça salvífica de Deus, na qual exclusivamente há salvação, realmente salva. Sua presença significa salvação ou pode estar presente e, ainda assim, a salvação falhar?

Diferenças entre particularistas

Mesmo os particularistas têm suas diferenças. A mais importante dessas diferenças estabelece uma distinção entre dois grupos: aqueles que defendem que Deus tem em vista não todos os homens, mas alguns – a saber, aqueles que são realmente salvos –, em todas as suas operações em direção à salvação humana; e aqueles que desejam discriminar entre as operações de Deus nesse assunto e atribuir a apenas algumas delas uma qualidade particularista, enquanto atribuem a outras uma referência universalista. Essa última posição é claramente uma tentativa de via média entre as concepções particularista e universalista, preservando de maneira suficiente o particularismo tanto no processo quanto na questão da salvação para que ela dependa somente da graça de

Deus e para dar a ele toda a glória pela salvação, ao mesmo tempo que submete ao universalismo a parte do processo de salvação que seus defensores acham ser consistente com esse particularismo fundamental.

O elemento singular das operações salvíficas submetido por eles ao universalismo é a redenção do pecador por Cristo. Supostamente, no plano de Deus, deve haver uma referência não absoluta, mas hipotética, a todos os homens. Todos os homens são redimidos por Cristo – isto é, se crerem nele. Essa fé nele, contudo, depende de haver fé em seus corações pela operação do Espírito Santo, em suas atividades salvíficas designadas a aplicar a redenção de Cristo. Portanto, o sistema é conhecido não apenas pelo nome de seu autor – amiraldianismo –, mas também, mais descritivamente, como redencionismo hipotético, ou, mais comumente, universalismo hipotético. Ele transfere a questão que divide os particularistas e universalistas em relação ao plano de salvação como um todo para a questão mais específica da referência à obra redentora de Cristo. O ponto exato de discussão vem a ser, assim, se a obra redentora de Cristo realmente salva aqueles por quem ela é realizada ou apenas abre a possibilidade de salvação a eles.

Os universalistas hipotéticos, sustentando que sua referência é a todos os homens indiscriminadamente e que nem todos os homens são salvos, não podem atribuir à redenção de Cristo uma operação especificamente salvífica e, assim, estão acostumados a falar dela como possibilitando a salvação para todos, como se abrisse o caminho da salvação para os homens, como se removesse todos os obstáculos para a salvação dos homens ou alguma expressão parecida. Por outro lado, o particularista consistente pode considerar a redenção realizada por Cristo verdadeiramente redentora e insistir que ela é, em si, um ato salvífico que realmente salva, assegurando a salvação daqueles por quem ela é realizada.

O debate passa, assim, a girar em torno da natureza da obra redentora de Cristo; e os particularistas podem deixar muito claro que tudo o que é extensivamente acrescentado a ela é intensivamente subtraído dela. Em outras palavras, a questão permanece aqui a mesma do debate com o universalismo geral do luterano e do arminiano, a saber, se as operações salvíficas de Deus realmente salvam, embora aqui esta questão esteja concentrada em uma única dessas operações salvíficas. Se as operações salvíficas de Deus realmente salvam, então todos aqueles sobre quem ele salvificamente opera são salvos, e o particularismo é correto pela própria natureza da questão – a não ser que estejamos preparados para seguir até o fim com o universalismo e declarar que todos os homens são salvos. Portanto, é no interesse do postulado sobrenaturalista fundamental pelo qual todo o cristianismo organizado se separa do mero naturalismo, de que todo o poder exercido na salvação da alma vem de Deus – e da grande atribuição evangélica do *soli Deo gloria* –, que o particularista defende que o alvo da redenção de Cristo não pode ser estendido para além do conjunto daqueles que são realmente salvos; antes, sua redenção deve ser considerada apenas uma das operações pelas quais Deus salva aqueles a quem ele salva, e não eles a si mesmos. Eles defendem, então, que não apenas devemos dar lugar ao particularismo nos processos e no alvo da salvação, mas um lugar deve ser reivindicado para o particularismo em todos os processos de salvação igualmente. É o Senhor Deus que salva; e, em todas as operações pelas quais ele opera a salvação, Deus opera não por todos os homens de modo indiferente nem sobre todos eles, mas apenas por alguns e sobre alguns – a saber, aqueles a quem ele salva. Somente assim podemos preservar-lhe sua glória e atribuir somente a ele toda a obra de salvação.

Diferenças entre particularistas consistentes

Em quinto lugar, as diferenças que foram enumeradas exaurem as possibilidades de diferença de grande importância dentro dos limites do plano de salvação. Os homens devem ser ou naturalistas ou sobrenaturalistas. Estes podem se dividir entre sobrenaturalistas sacerdotalistas ou evangélicos; os evangélicos podem ser universalistas ou particularistas. Por fim, os particularistas devem ser particularistas em relação a apenas algumas ou a todas as operações salvíficas. Porém, os próprios particularistas consistentes descobrem ser ainda possível diferir entre si, não sobre os termos do plano de salvação, sobre o que eles estão em pleno acordo, mas na região das pressuposições desse plano; e, para completar a lista de distinções, é desejável que essa diferença também seja aludida aqui. Não diz respeito ao que Deus fez no curso de suas operações salvíficas, mas, indo além da questão da salvação, pergunta como Deus lidou em geral com a raça humana como raça em relação ao seu destino. Os dois grupos aqui são conhecidos na história do pensamento pelos nomes contrários de supralapsarianos e infralapsarianos ou sublapsarianos. O ponto de diferença entre eles é se Deus, ao lidar com os homens em relação ao seu destino, divide-os em duas classes meramente como homens ou como pecadores. Isto é, se o decreto divino de eleição e preterição diz respeito a homens contemplados meramente como homens ou contemplados já como homens pecadores, como uma *massa corrupta*.

A própria apresentação da questão parece trazer a resposta consigo. Afinal, a operação tratada aqui está, com respeito às duas classes igualmente (aqueles que são eleitos e aqueles que são rejeitados), condicionada ao pecado: não podemos falar da salvação mais do que da reprovação sem supor o pecado. O pecado é necessariamente precedente no pensamento, não para a ideia abstrata de discriminação, mas para a situação concreta de discriminação que está em questão, a discriminação a respeito de um destino que envolve ou salvação ou castigo. O pecado deve estar em consideração ao se fundamentar um decreto de salvação, tanto quanto um decreto de castigo. Desse modo, não podemos falar de um decreto discriminando entre homens com relação à salvação e castigo sem postular a condição dos homens como pecadores como seu antecedente lógico.

O problema da diferença de opiniões tratada agora é que ela levanta a questão da discriminação entre os homens por Deus, pelo qual eles são divididos em duas classes: aqueles que recebem seu favor imerecido, e os outros que são objetos de seu justo desprazer − tudo isso feito fora da esfera da realidade, e assim se perdendo em meras abstrações. Quando a puxamos de volta para o chão firme, descobrimos que a questão apresentada equivale a isso: Deus faz distinção entre homens para salvar alguns ou ele salva alguns para fazer distinção entre homens? Seria a motivação imediata que o conduz a uma vontade abstrata por discriminação um desejo de ter alguma variedade ao lidar com os homens e, portanto, determinar tornar alguns objetos de seu favor inefável e lidar com outros estritamente de acordo com seus méritos pessoais a fim de que ele possa, assim, exercer todas as suas faculdades? Ou seria sua motivação imediata uma relutância de que toda a humanidade pereça em seus pecados e, portanto, para satisfazer os impulsos de sua compaixão, ele intervém para resgatar da ruína e da miséria uma inumerável multidão que ninguém pode contar − tantos quantos que, sob a pressão de seu senso de justiça, ele consegue obter o consentimento de toda a sua natureza para aliviar das justas penalidades dos pecados − por um expediente em que sua justiça e misericórdia se encontram e se beijam? Seja o que for que digamos da

As diferentes concepções 55

questão, certamente a última opção é corretamente orientada em relação às tremendas realidades da existência humana.

Uma das motivações principais da abordagem do sistema supralapsariano é o desejo de respeitar o princípio particularista no decorrer de todas as operações de Deus com os homens; não apenas em relação à salvação do homem, mas por todo o curso da ação divina em relação aos homens. Portanto, afirma-se que Deus, a partir da própria Criação, lida com a humanidade concebendo-a como dividida em duas classes, os recipientes, respectivamente, do seu favor imerecido e da sua reprovação merecida. Consequentemente, alguns supralapsarianos colocam o decreto da discriminação em primeiro na ordem de pensamento, precedendo até o decreto da Criação. Todos eles o posicionam precedendo o decreto da Queda na ordem de pensamento. Logo, é importante salientar que essa tentativa de particularizar todo o relacionamento de Deus com os homens não é realmente cumprida e, de fato, não pode ser cumprida na natureza do caso. O decreto de criar o homem e, mais particularmente, o decreto de possibilitar o homem cuja criação contempla a queda em pecado são necessariamente universalistas. Não apenas alguns homens são criados, tampouco alguns homens são criados diferentes dos outros; toda a humanidade é criada em seu primeiro cabeça e de forma igual. Não somente se permite que alguns homens caiam, mas todos os homens e todos de igual forma. A tentativa de tirar o particularismo da esfera do plano de salvação, em que o objeto é diverso (pois confessionalmente somente alguns homens são salvos), para dentro da esfera da Criação ou da Queda, na qual o objeto é comum (pois todos os homens são criados e todos os homens são caídos), fracassa pela própria necessidade da questão. O particularismo pode surgir em cena somente onde objetos diversos exigem a postulação de tipos diversos de operações, voltados a diferentes objetos. Ele não pode ser forçado

	A ORDEM SOBRENATURALISTA				
	EVANGÉLICA				
PARTICULARISTA			UNIVERSALISTA		
consistente	inconsistente				consistente
Supralapsariana	Infralapasariana	Amiraldiana	Luterana	Wesleyana	consistente
Eleição de alguns para a vida eterna com Deus	Permissão da Queda – culpa, corrupção e incapacidade total	Permissão da Queda – culpa, corrupção e incapacidade total	Permissão da Queda – culpa, corrupção e incapacidade total	Permissão da Queda – culpa, corrupção e incapacidade total	Permissão da Queda
Permissão da Queda – culpa, corrupção e incapacidade total	Eleição de alguns para a vida eterna com Deus	Dom de Cristo para possibilitar a salvação a todos	Dom de Cristo para fazer satisfação pelos pecados do mundo	Dom de Cristo para fazer satisfação pelos pecados do mundo	Predestinação de todos para a vida
Dom de Cristo para redimir os eleitos e como base da oferta para todos	Dom de Cristo para redimir os eleitos e como base da oferta para todos	Eleição de alguns para o dom da capacidade moral	Dom dos meios de graça para comunicar graça salvífica	Remissão do pecado original para todos e dom da graça suficiente para todos	Dom de Cristo para expiar o pecado de todos
Dom do Espírito Santo para salvar os redimidos	Dom do Espírito Santo para salvar os redimidos	Dom do Espírito para operar a capacidade moral nos eleitos	Predestinação para a vida daqueles que não resistem aos meios de graça	Predestinação para vida daqueles que aperfeiçoam a graça suficiente	Dom do Espírito para aplicar a expiação de Cristo a todos
Santificação de todos os redimidos e regenerados	Santificação de todos os redimidos e regenerados	Santificação pelo Espírito	Santificação por meio dos meios de graça	Santificação de todos que cooperam com a graça suficiente	Salvação de todos

As DIFERENTES CONCEPÇÕES   57

DOS DECRETOS

	SACERDOTALISTA		NATURALISTA	
Anglicana	**Romana**	**Ortodoxa oriental**	**Remonstrante**	**Pelagiana**
Permissão do pecado	Permissão da Queda — perda da justiça sobrenatural	Permissão da Queda — perda da justiça original, envolvendo a perda do conhecimento de Deus e disposição para o mal	Permissão da Queda — deterioração física, seguida por deterioração moral	Dom do livre arbítrio para que cada um possa fazer tudo o que lhe é exigido
Dom de Cristo para fazer satisfação pelos pecados de todos os homens	Dom de Cristo para oferecer satisfação por todos os pecados humanos	Dom de Cristo para reconciliar a humanidade pecadora com Deus	Dom de Cristo para possibilitar o dom da graça suficiente	Dom da Lei e do evangelho para iluminar o caminho e persuadir a caminhar nele
Estabelecimento da Igreja como agente vivo para comunicar a graça suficiente de Deus	Instituição da Igreja e dos sacramentos para aplicar satisfação de Cristo	Estabelecimento da Igreja "para contínua provisão dos benefícios da cruz"	Dom da graça suficiente (persuasiva) para todos	Dom de Cristo para (expiar o pecado e) dar o bom exemplo
Comunicação dessa graça por meio dos sacramentos como canais indispensáveis	Aplicação da satisfação de Cristo por meio dos sacramentos, sob operação das causas secundárias	Instrução, justificação e edificação por meio das ordenanças da igreja	Salvação para todos que voluntariamente cooperam com essa graça	Aceitação de todos que caminham no caminho certo
Salvação por meio do sacramento do batismo transmitindo vida e da Eucaristia a alimentando	Edificação na vida santificada de todos para quem os sacramentos são continuamente dados	Edificação na graça por meio dos sete sacramentos	Santificação por cooperação com a graça	Continuação da conduta correta por esforço voluntário

58 O PLANO DA SALVAÇÃO

na região das interações divinas com o homem antes da necessidade do homem por salvação e das interações divinas com ele em relação à salvação, que não é comum a todos. Portanto, o supralapsarianismo erra tão seriamente de um lado quanto o universalismo erra do outro. O infralapsarianismo oferece o único esquema que é ou autoconsistente ou consistente com os fatos.

Dificilmente passará despercebido que as diversas concepções da natureza do plano de salvação que temos revisado não se colocam simplesmente lado a lado uma da outra como concepções variantes desse plano, cada uma fazendo seu apelo em oposição a todo o resto. Na realidade, elas se relacionam umas com as outras como uma série progressiva de correções de um erro primário, alcançando mais e mais consistência na materialização de uma ideia fundamental de salvação. Se, então, desejamos encontrar nosso caminho entre elas, não deve ser colocando-as indiscriminadamente uma contra a outra, mas seguindo corretamente a sequência. O sobrenaturalismo deve primeiro ser validado contra o naturalismo; então, o evangelicalismo contra o sacerdotalismo; depois, o particularismo contra o universalismo e, assim, chegaremos minunciosamente à concepção do plano de salvação que faz justiça completa à sua natureza específica. É essa investigação que daremos atenção nos capítulos seguintes.

O diagrama das páginas anteriores mostra, em uma visão sinótica, as diversas concepções que foram listadas neste capítulo e pode facilitar a compreensão de suas relações mútuas.

Autossoterismo

Assim, isso não depende da vontade
nem do esforço de alguém, mas de Deus
mostrar misericórdia (Romanos 9:16)

Há fundamentalmente apenas duas doutrinas da salvação:[1] uma afirma que a salvação vem de Deus, a outra diz que a salvação vem de nós mesmos. A primeira é a doutrina comum do cristianismo; a segunda é a doutrina do paganismo universal. "O princípio do paganismo", observa Dr. Herman Bavinck

é, negativamente, a rejeição do verdadeiro Deus e do dom de sua graça; e, positivamente, a noção de que a salvação pode ser assegurada pelo poder e sabedoria do homem. "Vamos edificar uma cidade para nós, com uma torre cujo topo toque no céu, e façamos para nós um nome, para que não sejamos espalhados pela face de toda a terra" (Gn 11:4). Quer as obras por meio das quais o paganismo busca o caminho da salvação possuam um caráter mais ritual ou mais ético, quer elas tenham uma natureza mais positiva ou mais negativa, em todo caso, o homem permanece sendo seu próprio salvador; todas as religiões − exceto a cristã − são autossotéricas [...] E a filosofia não trouxe qualquer avanço quanto a isso: mesmo Kant

---

[1] Cf. A. A. Hodge, *Outlines of theology* (1878), p. 96: "Há, de fato, como temos antecipado, nada além de dois tipos possíveis de sistemas autoconsistentes completos de teologia cristã − agostinianismo e pelagianismo".

60   O PLANO DA SALVAÇÃO

e Schopenhauer, que tinham em vista a pecaminosidade inata do homem e reconheciam a necessidade de uma regeneração, chegam no fim a um apelo à vontade, à sabedoria e ao poder do homem.[2]

Pelagianismo: o primeiro sistema de autossalvação

Foi bastante apropriado, portanto, que Jerônimo tenha declarado o pelagianismo o primeiro sistema organizado de autossalvação ensinado na igreja, como a "heresia de Pitágoras e Zenão".[3] Era, na prática, a cristalização em formas cristãs da amplamente difundida ética estoica, pela qual o pensamento dos homens tinha sido governado por toda a história anterior da igreja.[4] Em torno do princípio central da capacidade plena da vontade humana, defendido com completa confiança e proclamado, não na fraca forma negativa de que a obrigação é limitada pela capacidade, mas na exultante forma positiva de que a capacidade é completamente competente para toda obrigação, Pelágio, um sistematizador nada incompetente, construiu todo um sistema autossotérico.[5] Por um lado, esse sistema era protegido pela negação de qualquer "queda"

---

[2] Geref. Dog., iii, p. 425-6
[3] Prefácio ao Livro IV de sua obra sobre Jeremias. Cf. Milman, Latin christianity, i. p. 106, nota 2; De Pressensée Trois Prem. Siècles. ii. p. 375; Hefele, Councils, E. T. ii. p. 446, nota 3; cf. Warfield, "Two studies in the history of doctrine" (1897), p. 4-5.
[4] Não que a ideia autossotérica já tenha satisfeito o coração religioso. Cf. T. R. Glover, Conflict of religions, p. 67: "Que a salvação não vem do interior era o testemunho de todo homem que passou pelo taurobolium. Até onde é possível, tem se estabelecido pelo testemunho de toda mente religiosa que, seja justo, seja injusto, é invencível esse sentimento de que a vontade é inadequada e que a religião começa somente onde a ideia estoica de salvar a si mesmo por vontade e esforço próprio é finalmente abandonada".
[5] Da mesma forma, Kant, Religion innerhalb der Grenzen der blossen Vernunft (Gesammelte Schriften 1907. Bd. vi): "Se a lei moral exige de nós que nos tornemos homens melhores, segue-se inevitavelmente que deve ser possível para nós nos tornarmos melhores".

sofrida pela humanidade em seu primeiro cabeça e, consequentemente, de qualquer impregnação de mal, seja pecado,
seja mera fraqueza, derivada de seu passado histórico. Todo
homem nasce na mesma condição em que Adão foi criado;
e todo homem continua por toda a vida na mesma condição
em que ele nasce. Por meio de sua queda, Adão, no máximo,
nos deu um mau exemplo, o qual, contudo, não precisamos
seguir, a não ser que escolhamos; e nossos pecados passados – embora possamos, evidentemente, ser responsabiliza-
dos e devamos sofrer o justo castigo por eles – não podem
de forma alguma abreviar ou contrair nosso poder inerente
de fazer o que é certo. "Eu afirmo", declarava Pelágio, "que
o homem é capaz de viver sem pecado e que ele é capaz de
guardar os mandamentos de Deus."[6] E essa capacidade permanece intacta não apenas depois do pecado de Adão, mas
em todo e qualquer pecado da nossa parte. Ela é, diz Juliano
de Eclano, "tão completa após pecar quanto era antes de
pecar".[7] Em qualquer momento que escolher, portanto, qualquer homem pode parar de pecar e, a partir deste momento
em diante, ser e continuar perfeito. Por outro lado, essa afirmação vigorosa da capacidade completa de cumprir toda a
justiça é protegida pela negação de toda a "graça", no sentido do auxílio interior de Deus. Como esse auxílio divino não
é necessário, ele não é concedido; todo homem, no sentido
mais absoluto, opera sua própria salvação: se com temor e tre-
mor ou sem eles, dependerá unicamente de seu temperamento
individual. Certamente, o termo "graça" está muito profundamente entranhado nas representações bíblicas para ser completamente descartado. Portanto, os pelagianos continuaram
a empregá-lo, mas explicaram de uma forma que o esvaziou

---

[6] *On nature and grace*, p. 49.
[7] *The unfinished work*, i, p. 91.

62   O PLANO DA SALVAÇÃO

de sua plenitude bíblica. Por "graça" eles entendiam a capacitação fundamental do homem com sua liberdade da vontade inalienável e, juntamente com isso, os incentivos que Deus lhe deu para usar sua liberdade para o bem.

Assim, o esquema pelagiano abrange os seguintes pontos. Deus dotou o homem com uma liberdade de vontade inalienável, em virtude da qual ele é plenamente capaz de fazer tudo o que é exigido dele. A esse grande dom, Deus acrescentou os dons da Lei e do evangelho para iluminar o caminho da justiça e persuadir o homem a andar nele; e até mesmo o dom de Cristo para prover uma expiação pelos pecados passados para todos os que cumprirão a justiça e, especialmente, para servir como bom exemplo. Aqueles que, sob esses incentivos e no poder de suas inerradicáveis liberdades, afastam-se de seus pecados e praticam a justiça serão aceitos pelo justo Deus e recompensados segundo seus atos.

Este foi o primeiro esquema puramente autossotérico promovido na igreja e é completamente característico de tudo que se sucedeu daquele dia até hoje.

Na providência de Deus, a promoção desse esquema autossotérico foi imediatamente confrontada por uma declaração igualmente clara e consistentemente elaborada da doutrina da "graça", de forma que o grande conflito entre graça e livre arbítrio foi travado pela igreja de uma vez por todas nos primeiros anos do quinto século. O defensor da graça nessa controvérsia foi Agostinho, cujo sistema inteiro girava em torno da afirmação da graça como a única fonte de todo bem no homem de maneira tão verdadeira e completa quanto fez Pelágio na afirmação da plena capacidade da vontade em operar sozinha toda a justiça. O alcance da afirmação de Agostinho é bem expresso pelas exigências do Concílio de Cartago (417-418 d.C.), que se recusou a se satisfazer com menos que um reconhecimento inequívoco de que "somos auxiliados pela graça de

Deus, por meio de Cristo, não somente para saber, mas também para fazer o que é certo, em cada ato, de forma que, sem a graça, somos incapazes de ter, pensar, falar ou fazer qualquer coisa relacionada à piedade". A oposição entre os dois sistemas era, assim, absoluta. Em um deles, tudo era atribuído ao homem; no outro, tudo era atribuído a Deus. Neles, duas religiões – no fundo, as duas únicas religiões possíveis – em combate mortal: a religião da fé e a religião das obras; a religião que se desespera com o ego e coloca toda a sua esperança no Deus Salvador, e a religião que coloca sua completa confiança no eu; ou, considerando que a religião é, em sua própria natureza, a completa dependência de Deus, a religião na pureza de sua concepção ou um mero moralismo quase religioso. A batalha foi dura, mas a questão felizmente não ficou ambígua. No triunfo do agostinianismo, estabeleceu-se de uma vez por todas que o cristianismo deveria permanecer uma religião e uma religião para homens pecadores com necessidade de salvação, e não apodrecido em um mero sistema ético, apropriado apenas para os justos que não precisam de salvação.

Pelagianismos modificados

Porém, como aprendemos que o preço da liberdade é a eterna vigilância, a igreja logo descobriu que a essência da verdadeira religião só pode ser mantida ao custo do conflito perpétuo. O pelagianismo foi duro de matar; ou talvez não tenha realmente morrido, mas apenas recuou e esperava a sua chance; enquanto isso, atormenta a igreja com formas modificadas de si– modificadas o bastante para escapar da carta de condenação da igreja. No lugar do pelagianismo, entrou o semipelagianismo; e, quando a controvérsia com o semipelagianismo foi travada e vencida, no lugar do semipelagianismo entrou o semi-semipelagianismo com o qual o Concílio de Orange traiu

64 O PLANO DA SALVAÇÃO

a igreja e que a genialidade de Tomás de Aquino sistematizou para ela, e que o Concílio de Trento, por fim, firmou com rebites de ferro sobre aquela porção da igreja que o obedeceu. A necessidade da graça tinha sido reconhecida como resultado da controvérsia pelagiana: sua resistência, como resultado da controvérsia semipelagianismo; mas sua eficácia certa, sua "irresistibilidade", como se diz, foi, por uma concessão fatal de Orange, negada. Assim, a marcha vitoriosa do agostinianismo foi freada e a confissão pura da salvação somente pela graça impossibilitada para sempre dentro daquela parte da igreja, cuja orgulhosa ostentação é de que ela é sempre a mesma (*semper eadem*). Com o pelagiano, já não era mais legalmente possível, dentro dos limites da igreja, atribuir ao homem toda a salvação; nem mesmo, com o semipelagianismo, a iniciação da salvação. Porém, também não era mais legalmente possível atribuir a salvação inteiramente à graça de Deus, a qual poderia se completar sem a participação da descreditada vontade humana – sua participação seria apenas ser capacitada e movida, pela graça preveniente certamente, mas não eficazmente movida, de forma que ela não conseguiria conter e derrotar as operações da graça salvífica.

A tendência desse sistema sinergista obviamente era degenerativa e, portanto, não deveríamos nos surpreender por ele facilmente cair naquele semipelagianismo explícito que, apesar de sua condenação oficial pela Igreja, parece ter formado a fé prática de muitos homens por toda a Idade Média e no qual o ato determinante na salvação é atribuído não à graça de Deus transmitindo salvação, mas ao consentimento da verdade, dando à onipotente graça de Deus sua eficácia. Aqui está uma salvação por obras tão verdadeira, embora não tão bruta, quanto no pelagianismo puro; e, assim, por toda a Idade Média, o legalismo reinou supremo, um legalismo que produziu precisamente os mesmos efeitos descritos tão vividamente por

Heinrich Weinel como os que se manifestavam nos círculos judaicos de onde o apóstolo Paulo veio. "Só consegue ser feliz sob a dispensação da lei", diz Weinel,[8] "aquele que consegue viver uma mentira por toda a sua vida [...] Mas as naturezas orgulhosas, sinceras e consistentes não ficam desmotivadas com uma mentira. Se são incapazes de resistir, eles morrem da mentira; se são fortes, é a mentira que morre. A mentira inerente na Lei era suposição de que ela poderia ser cumprida. Cada um dos associados de Paulo entendia que o mandamento não podia ser guardado, mas eles não admitiriam isso. O ancião se comportava na presença dos mais jovens como se pudesse guardar; um acreditava na força do outro e não reconhecia a impossibilidade para si. Eles se cegavam para seus próprios pecados ao se compararem com outros homens justos e recorriam a eras remotas, a Enoque, Noé e Daniel para produzir advogados para suas almas.[9] Eles esperavam que Deus permitisse que as boas obras dos santos cobrissem suas deficiências; e eles não se esqueciam de ocasionalmente orar por misericórdia, mas, no geral, mantinham a mentira e prosseguiam como se estivessem bem."

Essa é uma retratação fiel da Idade Média. Os homens sabiam muito bem que não conseguiriam conquistar a salvação para si mesmos, mesmo sob o incentivo da graça de Deus; sabiam muito bem que fracassaram em suas "boas obras" em cada estágio; e, ainda assim, mantinham essa medonha ficção.[10] Não havia valentes para "matar a mentira"? Valentes surgiram aqui e ali, um Gottschalk no século 9, um Bradwardine,

---

[8] St. *Paul*, p. 72-3.
[9] "Que é possível guardar toda a Lei é uma ideia frequente no Talmude. Acredita-se que Abraão, Moisés e Arão o conseguiram. R. Chanina diz ao anjo da morte: 'Traga-me o Livro da Lei e veja se há algo escrito nele que não guardei'". (Schoettg. i. p. 160-1. Ver também Edersheim, 'L. and T.' i. p. 336)." – Alfred Plummer, comentário em Lucas 18:21, p. 423.
[10] Cf. A. C. Headlam, St. *Paul and christianity* (1913), p. 138. "A controvérsia da Reforma foi, na verdade, a velha controvérsia de fé e obras. O sistema medieval,

66   O PLANO DA SALVAÇÃO

um Wycliffe no século 14, um Huss no 15, um Jansen atrasado no século 17; mas, apesar de seus protestos, a mentira ainda estava viva até que, finalmente, o verdadeiro valente veio em Martinho Lutero, e a mentira morreu. O agostinianismo que tinha sido reprimido na igreja de Roma não poderia ser suprimido. A igreja tinha se confinado naquilo que não poderia conter. A única alternativa para o agostinianismo seria romper os limites da Igreja e fluir para fora dela. A explosão veio no que chamamos de Reforma, pois a Reforma nada mais é que o agostinianismo em sua maturidade: a rejeição de tudo o que é humano para a salvação repousar em Deus somente.

Dessa forma, nada é mais fundamental na doutrina dos reformadores que a incapacidade completa do homem e sua necessidade absoluta da graça divina;[11] e nada foi confrontado com mais firmeza pelos reformadores que a atribuição do poder inato de fazer o bem ao homem. Para Lutero, o pelagianismo era a heresia das heresias – do ponto de vista religioso, equivalente à incredulidade; do ponto de vista ético, equivalente a mero egocentrismo. Era, "para ele, o termo abrangente para tudo o que quer atacar na Igreja Católica".[12] Seu tratado *De Servo Arbitrio*, escrito contra a exaltação pelagianizante da capacidade humana por Erasmo, era estimado por ele como o único de seus livros, com exceção do Catecismo, em que ele não encontrava algo para corrigir.[13] "Quando a doutrina do livre-arbítrio, pregada antes de Lutero e dos outros reformadores, surgiu", escreve Calvino,[14] "que efeito ela poderia ter além de

_____

na prática (embora muito possa ser escondido na teoria), ensinava a salvação por obras."
[11] Köstlin, *Theology of Luther*, i, p. 479.
[12] A. T. Jörgensen, *Theol. Stud. und Krit* (1910), 83, p. 63–82; cf. *Jahresbericht for* 1910 (1912), p. 590.
[13] Köstlin, ii, p. 301: "Eu não sei de nenhum livro meu que seja correto, exceto, talvez, *De Servo Arbitrio* e o catecismo." Isso foi escrito em 1537.
[14] "The necessity of reforming the church", em *Tracts*, p. 134. Isso foi escrito em 1544.

encher os homens com uma opinião arrogante de sua própria virtude, inchando–os com vaidade, sem deixar qualquer espaço para a graça e o auxílio do Espírito Santo?". "Quando dizemos a alguém", ele escreve novamente,[15] "para buscar justiça e vida fora de si, a qual existe somente em Cristo, porque ele nada tem em si além de pecado e morte, imediatamente surge uma controvérsia sobre a liberdade e o poder da vontade, pois, se o homem tem qualquer capacidade em si de servir a Deus, ele não obtém a salvação inteiramente pela graça de Cristo, mas parcialmente a outorga a si mesmo. Embora não neguemos que o homem aja espontaneamente e por livre agência quando é guiado pelo Espírito Santo, mantemos que toda a sua natureza é tão impregnada de depravação que, por si próprio, ele não tem a capacidade de praticar o bem".[16]

Não demorou muito, contudo, para que, mesmo nesses círculos de agostinianismo efetivo, em que a atribuição da salvação a Deus somente era algo como uma paixão, o velho fermento da autossalvação começasse a operar de novo.[17] Foi com ninguém menos que Filipe Melanchthon que esse novo "cair da graça" entrou no pensamento da Reforma, embora com pouco progresso em seu ensino. Pode-se distinguir três períodos no desenvolvimento de sua doutrina.[18]

---

[15] p. 159

[16] A declaração quanto à verdadeira doutrina da vontade envolvida nessa última sentença é digna de nota.

[17] Cf. Jean Barnaud, *Pierre Viret* (1911), p. 505: "Bolsec, que foi o primeiro a se levantar contra ela [a doutrina dos reformadores], começou contestando se a eleição divina era ensinada pelas Escrituras e, então, proclamou a universalidade da graça e, atacando o determinismo calvinista, negou que a queda tinha privado o homem completamente de seu livre-arbítrio. A partir dessas premissas, ele concluiu que a fé, com os homens, resulta do exercício do livre-arbítrio, ferida e corrupta, mas não absolutamente destruída e incapacitada de fazer o bem e, consequentemente, que a eleição não precede a fé e que a salvação, por fim, encontra sua causa suprema não apenas na vontade de Deus, mas na livre determinação do homem".

[18] Cf. E. F. Fischer, *Melanchthons Lehre von d. Bekehrung. Eine Studie zum Entwickelung der Ansicht Melanchthons über Monergismus und Synergismus* (1905).

68   O PLANO DA SALVAÇÃO

No primeiro deles, ele era um agostiniano tão puro quanto o próprio Lutero ou Calvino. No segundo, começando em 1527, ele começa a aprender com Aristóteles sua doutrina geral da vontade. No terceiro, de 1532 em diante, ele permite que a vontade do homem, embora apenas como um poder puramente formal, tenha lugar no processo de salvação: ela pode colocar as afeições espirituais criadas exclusivamente pelo Espírito Santo em cadeias ou no trono. Com base nesse princípio, o sinergismo rapidamente tomou forma na igreja luterana.[19] Encontrou oposição, é claro: os antigos luteranos, um Amsdorf, um Flácio, um Brenz – todos eram agostinianos completamente convictos, mas a oposição não era tão vigorosa como poderia ter sido se a controvérsia com os calvinistas não estivesse em seu auge. Mesmo Brenz permitiu que Strigel o provocasse na Disputa de Weimar com seu predestinacionismo, sem corajosamente tomar a ofensiva. Assim, Andreä conseguiu corromper a doutrina de Lutero na Conferência de Mompelgard,[20] em 1586, sem repreensão;[21] Aegidius Hunnius pôde ensinar abertamente a resistibilidade da graça;[22] e John Gerhard pôde condicionar a eleição à presciência da fé.[23] Quando Melanchthon brincou com frases ambíguas como "Deus atrai o querer a ele", "livre-arbítrio é o poder do homem de se aplicar a graça", ele estava brincando com fogo. Cem anos depois, os teólogos saxões, Hoë van Hohënegg e Polycarp Leyser, na Conferência de Leipzig em março de 1631, puderam confiantemente apresentar como

---

[19] Para o que se segue, cf. E. Böhl, *Beiträge zur Geschichte der Reformation in Oesterreich*, p. 26.
[20] A conferência de Mompelgard envolveu nomes importantes do período da Reforma, como Teodoro Beza, e tratou de vários temas, como a ceia do Senhor, a pessoa de Cristo, a predestinação, o batismo e a reforma das igrejas papistas. (N. do R.)
[21] Schweitzer, *Centraldogmen*, i, p. 503.
[22] p. 509
[23] Loci (1610), ed. Preuss, ii, p. 866.

doutrina luterana a declaração de que "Deus certamente nos escolhe pela graça em Cristo; mas isso ocorre de acordo com sua presciência de quem verdadeira e constantemente crerá em Cristo; e quem Deus previu que creria é predestinado e eleito por ele para tornar-se abençoado e glorioso". A maravilhosa graça de Deus que ressuscita os mortos, proclamada tão apaixonadamente por Lutero, agora estava completamente à disposição daquela vontade humana que Lutero declarou ser inteiramente escravizada pelo pecado e capaz de se dirigir ao bem somente quando é movida e levada adiante pela graça.[24] E as coisas não têm melhorado com o decorrer dos anos.

É um dos mais estimados professores luteranos da nossa época, Wilhelm Schmidt, professor de teologia em Breslau, que nos conta[25] que "o propósito e o amor divino se concretizam somente com a vontade do ser a quem são dirigidos e precisamente por meio dela"; que, "em resumo, contra os santos decretos de Deus há uma liberdade estabelecida por ele, contra a qual estes são frequentemente despedaçados e, de fato, podem ser despedaçados em cada caso particular".[26] Consequentemente, ele não se contenta em rejeitar a predestinação em sentido estrito (*praedestinatio stricte dicta*) dos calvinistas, mas repudia igualmente a predestinação em sentido amplo (*praedestinatio late dicta*) dos antigos teólogos luteranos, que ensina um decreto de Deus pelo qual todos os homens são designados para a salvação por uma vontade antecedente, enquanto por uma vontade consequente são separados e destinados para a salvação todos aqueles que Deus

---

[24] Köstlin, i, p. 326.
[25] *Christliche Dogmatik*, ii (1898), p. 146.
[26] Por outro lado, mesmo Th. Häring, *The christian faith* (1913), p. 347, diz: "Qualquer suspeita de que nosso Deus tenha uma vontade boa, mas impotente, um gênio moral sem ser mestre do mundo, destrói as raízes de todo poder religioso".

70   O PLANO DA SALVAÇÃO

prevê que, "por fim, crerão em Cristo". Segundo ele,[27] "com a presciência divina infalível, as decisões do homem deixam de ser livres". Assim, não somente a predestinação divina, mas também a presciência divina é sacrificada no altar da liberdade humana, e a conclusão do tema inteiro é enunciada nas palavras: "Todos os homens estão, em relação a Deus, escritos no Livro da Vida, segundo a benevolência universal (*benevolentia universalis*); mas quem permanece escrito é determinado definitivamente apenas no fim". O resultado não pode ser conhecido de antemão, nem mesmo por Deus.[28] Não é suficiente que a redenção envolva a vontade, de forma que possamos dizer que não há redenção "exceto quando o pecador coopera com ela com bastante energia", mesmo que isso seja interpretado como "permitir-se ser redimido".[29] Devemos prosseguir e afirmar que "a redenção será frustrada e permanecerá sem efeito, não importa o quanto a vontade divina de amor e o conselho da salvação desejem o contrário, se não for efetuada pelo poder interior do homem de concretizá-la, por sua própria iniciativa, em que ele se agarra à mão de resgate e se arrepende, destrói seu próprio pecado e leva uma vida reta".[30] Assim, quando Schmidt passa a falar da aplicação da salvação pelo Espírito Santo,[31] ele é explícito ao negar ao Espírito Santo qualquer poder de produzir salvação em uma alma indisposta. "Mesmo o Espírito Santo", ele nos diz, "é incapaz, na presença do livre-arbítrio que pertence ao homem por natureza, de compelir alguém a aceitar a salvação. Mesmo o Espírito só pode cumprir seu propósito salvífico conosco se não obstruirmos, não abandonarmos, não nos opormos à sua

---

[27] p. 311
[28] p. 312
[29] p. 317
[30] p. 317
[31] p. 431

obra por nós. Tudo isso permanece em nosso poder e ele está impotente (*ohnmächtig*) em relação a isso, se fizermos mau uso [...] Aquele que não quer ser salvo não pode ser ajudado nem pelo Espírito Santo".[32]

A autoafirmação dificilmente poderia ir mais além; nem mesmo nestes versos, talvez comoventes, mas certamente estrondosos, de W. E. Henley:

Do fundo desta noite que persiste
A me envolver em breu – eterno e espesso,
A qualquer deus – se algum acaso existe,
Por minh'alma insubjugável agradeço.

Nas garras do destino e seus estragos,
Sob os golpes que o acaso atira e acerta,
Nunca me lamentei – e ainda trago
Minha cabeça – embora em sangue – ereta.

Além deste oceano de lamúria,
Somente o Horror das trevas se divisa;
Porém o tempo, a consumir-se em fúria,
Não me amedronta, nem me martiriza.

Por ser estreita a senda – eu não declino,
Nem por pesada a mão que o mundo espalma;
Eu sou dono e senhor de meu destino;
Eu sou o comandante de minha alma.[33]

Isso, evidentemente, é pelagianismo explícito – a não ser que prefiramos chamar de paganismo puro. Ainda assim, é

---

[32] p. 431
[33] *Invictus*. Tradução de André C. S. Masini em *Pequena Coletânea de Poesias de Língua Inglesa*. (N. do T.)

72   O PLANO DA SALVAÇÃO

citado com calorosa aprovação por um estimado ministro da Igreja da Escócia, acrescentando o todo o seu espírito no grande assunto da "Eleição". Ele o usa imediatamente para apoiar uma entusiasmada afirmação do princípio pelagiano fundamental de que a capacidade limita a obrigação: "Aquela vida consciente que fala: 'Deves fazer isso' desperta um eco não menos claro por dentro, que diz 'Porque devo, eu posso'. Esse 'posso' permanece para sempre, não importa o quão frágil possa se tornar".[34] Pelágio não precisaria de mais do que isso.

Com base em um fenômeno como o que foi mencionado, pode-se inferir que as igrejas reformadas, embora retivessem sua confissão agostiniana que as luteranas não foram capazes de manter e descartassem o semipelagianismo arminiano que surgiu no início do século 17 para perturbá-las (enquanto as luteranas não puderam fazer o mesmo com seu sinergismo), têm se emaranhado com as mesmas concepções pelagianizantes em nossos dias. Isso é tão real que nos defrontamos hoje, mesmo nas igrejas reformadas, com as mais desmedidas afirmações da independência humana, bem como da incontrolabilidade e, de fato, da absoluta imprevisibilidade da ação da vontade humana. Os extremos a que isso pode chegar são corretamente ilustrados por certas observações, sem dúvida um tanto incidentais, do Dr. David W. Forrest no infeliz livro que ele intitula, certamente de modo um tanto enganoso, *The authority of Christ* [A autoridade de Cristo] (1906). Em suas mãos, a liberdade humana se tornou tão poderosa a ponto de abolir não apenas os princípios comuns da religião evangélica, mas toda a fé na própria providência divina. Com efeito, ele adotou uma visão da livre agência que reserva ao homem completa independência

---

[34] A. S. Martin, art. "Election" em Hastings' *Encyc. of religion and ethics*, vol. 1912, p. 261a.

e exclui todo controle divino ou até mesmo a presciência da ação humana. Incapaz de governar os atos dos agentes livres, Deus é reduzido à necessidade de constantemente se ajustar a eles. Dessa forma, Deus tem de aceitar em seu universo muito do que ele preferiria que não existisse. Há, por exemplo, toda a esfera do acidental. Se cooperarmos com outros em trabalhos perigosos ou, por exemplo, se sairmos para nos divertir em uma caçada, podemos ser mortos por um ato involuntário de um trabalhador ou pelo disparo aleatório de um atirador descuidado. Deus está impotente nessa situação e não adianta apelar para ele em relação a isso, pois, diz Dr. Forrest,[35] "Deus só poderia impedir o trabalhador ruim ou o atirador de causar a morte dos outros ao privá-lo de sua liberdade de moldar seu caminho individual". Em resumo, não há controle providencial de quaisquer atos dos agentes livres. De acordo com o Dr. Forrest,[36] um sábio não se surpreenderá com as trágicas crueldades que acontecem no mundo, o que parece severamente errado: "ele reconhecerá as possibilidades da liberdade humana ao desafiar a vontade de Deus, tanto pela imposição do sofrimento quanto pela recusa de ser ensinado pelo sofrimento". Nem a graça de Deus pode intervir para curar os defeitos de sua providência. O livre-arbítrio humano interpõe uma barreira eficaz contra a operação de sua graça; e Deus não tem poder para superar a oposição do coração humano. "Não há barreira para a entrada do Espírito Santo no coração", observa Dr. Forrest com o ar de alguém fazendo uma grande concessão,[37] "exceto aquela criada pela recusa do coração em recebê-lo". Evidentemente, essa é apenas outra forma de dizer que a recusa do coração é uma barreira insuperável para a entrada

---

[35] The authority of Christ (1906), p. 140.
[36] p. 143.
[37] p. 349.

74   O PLANO DA SALVAÇÃO

do Espírito Santo nele.[38] Portanto, o progresso de seu reino no mundo não poderia ser previsto em detalhes por nosso Senhor, mas estava em sua mente somente como um esboço de suas características gerais. Segundo Dr. Forrest, "Ele viu que a 'conversão' tinha seu fator humano assim como o divino e que as poderosas obras de Deus poderiam se tornar impossíveis pela perversidade da incredulidade humana. Assim, o curso detalhado do reino no mundo era uma coisa inescrutável".[39] Mesmo na própria igreja, o propósito divino pode fracassar, apesar da presença do Espírito Santo prometido a ela: pois, embora, o Espírito não falhe em guiar a igreja, a igreja pode deixar de "cumprir as condições sob as quais ela poderia se beneficiar da orientação do Espírito".[40] Em suma, Dr. Forrest é tão zeloso em emancipar o homem do domínio de Deus que ele chega perto de colocar Deus sob o domínio do homem. O mundo que Deus criou escapou de sua coleira; não há nada que Deus possa fazer além de aceitá-lo como ele é e de se ajustar da melhor maneira possível a isso. Certa vez, Thomas Carlyle ouviu que Margaret Fuller tinha anunciado, em seu solene estilo: "Eu aceito o universo". "Céus! É melhor mesmo", foi o simples comentário do sábio. É o mesmo caso do Senhor Deus Todo-Poderoso?

Se, em algum nível, esse é o caso de Deus, então, não pode haver qualquer menção de Deus salvando o homem. Se o homem deve ser salvo, embora seja questionável se "salvar"

---

[38] Da mesma forma, Lewis F. Stearns, *Present day theology* (1890), p. 416, declara abertamente: "O único poder que pode separar uma alma de Cristo é o próprio livre-arbítrio daquela alma". Essa afirmação de que o livre-arbítrio da alma pode separá-la de Cristo é a mais vigorosa possível. E, com isso, devemos inferir, se podemos confiar em Romanos 8:39, que o livre-arbítrio não é uma coisa criada e, de fato, para a falar a verdade (Romanos 8:38), não teme existência, seja real, seja prospectiva. Se nosso livre-arbítrio é mais forte que o poder de Cristo sobre nós, ele é onipotente, pois Cristo é onipotente, e ninguém poderia ser salvo.
[39] p. 300.
[40] p. 370.

é a palavra exata para usar aqui, está claro que ele deve "sal-var" a si mesmo. Se ainda podemos falar de um plano de sal-vação de Deus, esse plano deve ser reduzido apenas a deixar aberto o caminho da salvação, de modo que o homem, que é o mestre de seu próprio destino,[41] não enfrentará qualquer obs-táculo quando escolher caminhar nele. De fato, esse é o con-ceito de "salvação" que agora é confiantemente proclamado nos círculos mais amplos. Com base esse pilar, com efeito, sustenta-se toda a mentalidade daquele novo protestantismo que surgiu em nossos dias, repudiando a Reforma e todas as suas obras como mero medievalismo e, em vez delas, unindo--se ao Iluminismo, como o nascimento de um novo mundo, um novo mundo no qual reina apenas o Homem, o Senhor de todos. Fomos acostumados a chamar todo o movimento de "racionalismo" e, fase após fase desse movimento, falamos do racionalismo vulgar (*Rationalismus Vulgaris*) de Wegscheider; de Kant e seus seguidores; das escolas pós-kantianas. Agora, no nosso "novo protestantismo", devemos pelo menos congratulá--lo por se reproduzir de maneira tão surpreendentemente fiel.

Pensadores profundos como Kant e, talvez possamos dizer ainda mais, pensadores de mentalidade espiritual como Rudolf Eucken podem ser incapazes da apreciação superficial da natureza humana, a qual nada vê nela além do bem. Porém, mesmo a percepção do mal radical da natureza humana não pode libertá-los do ciclo fixo de pensamento que asse-gura a capacidade humana para toda a esfera da obrigação humana, independentemente de como essa capacidade é ela-borada. "Como é possível que um homem naturalmente mau se torne bom", exclama Kant,[42] "é algo que desconcerta todo

---

[41] A. S. Martin, como citado em p. 261: "O resumo da maior parte da igreja cristã em todas as eras é que o destino do homem está em suas mãos".

[42] *Religion innerhalb der Grenzen der blossen Vernunft* (*Gesammelte Schriften*, 1907, vi, p. 45).

76 O PLANO DA SALVAÇÃO

o nosso pensamento, pois como uma árvore corrupta pode dar bom fruto?". No entanto, apesar de perceber a impossibilidade disso, ele é capaz de se apoiar na solução ou, melhor, na ausência de solução do fraco: "deve ser possível nos tornarmos melhores, mesmo se aquilo que pudermos fazer seja em si insuficiente, e tudo o que pudermos fazer seja nos tornar receptivos a uma assistência superior de um tipo inescrutável".[43] Nem mesmo um Rudolf Eucken conseguiu ir além de um apelo semelhante a um poder místico inescrutável fluindo pela vida do homem que se esforça para se ajudar. Assim, nosso pensamento mais moderno apenas reproduz o antigo pelagianismo, com um senso menos profundo de culpa e um senso mais aprofundado das dificuldades que o mal trouxe sobre o homem. Da expiação nada ouviremos; e, embora abra espaço para auxílio divino, deve ser um auxílio que flui para a alma em resposta e em cooperação a seus esforços criativos individuais.

Fora das filosofias mais profundas, até isso desaparece; e as formas mais superficiais do pelagianismo espreitam ao redor com toda a emancipação de qualquer senso de insuficiência. A expressão mais característica desse ponto de vista geral é dada, talvez, na atual apresentação da parábola do filho pródigo como incorporando não meramente a essência, mas a totalidade do evangelho. Essa parábola é preciosa por sua grande mensagem de que há alegria no céu quando um pecador se arrepende, mas, ao ser pervertida do propósito pelo qual foi proferida e transformada para representar todo o evangelho, afinal, a corrupção do ótimo é o péssimo (*corruptio optimi pessima*), ela se torna o instrumento para destruir toda a estrutura do cristianismo. Não há expiação nessa parábola; e, na verdade, nem mesmo há Cristo na função mais atenuada que poderia ser atribuída

---

[43] Ibid.

a Cristo. Não há graça criativa nessa parábola; e, na verdade, não há o Espírito Santo nem na mais ineficaz operação que pudesse ser atribuída a ele. Não há o amor de Deus em busca nessa parábola: o pai na parábola não dá absolutamente nenhuma atenção a seu filho errante, apenas o deixa sozinho e aparentemente não se preocupa com ele. Considerada uma representação pictórica do evangelho, seu ensino é apenas este e nada mais: que quando alguém, completamente por conta própria, escolhe se levantar e voltar para Deus, ele será recebido com aclamação. Certamente, é um evangelho muito lisonjeiro. É agradável descobrir que podemos nos levantar e ir a Deus quando quisermos e que ninguém vai nos importunar com isso. É agradável saber que, quando escolhemos voltar para Deus, podemos exigir uma recepção elegante e que ninguém nos questionará. Mas esse é o evangelho de Jesus Cristo? Todo o ensino de Jesus Cristo se resume nisto: que as portas do céu permanecem abertas e qualquer um pode entrar quando quiser? Contudo, isso é o que toda a obra dos teólogos liberais modernos nos diz: nossos Harnacks e Boussets e seus inumeráveis discípulos e imitadores.

"Inumeráveis" discípulos e imitadores, eu digo: pois certamente essa doutrina se espalhou pelo mundo. Erich Schäder nos conta que, durante sua vida docente, não houve qualquer estudante cuja mente não tenha sido profunda e grandemente impressionada, por um período maior ou menor, pela apresentação destas duas parábolas: a do fariseu e do publicano orando no templo e a do filho pródigo, no sentido de que o perdão de Deus não é condicionado por nada e que nenhuma expiação é necessária.[44] É um pelagianismo, como você pode

---

[44] E. Schäder, *Über des Wesen des Christentums und seine modernem Darstellungen* (1904), citado por A. Schlatter, *Beiträge z. Förderung d. christ. Theologie* (1904), p. 39.

78   O PLANO DA SALVAÇÃO

ver, que supera o pelagianismo de Pelágio, pois Pelágio ainda reconhecia um pouco da culpa do pecado e deu alguma atenção à obra expiatória de Cristo por essa culpa. Mas essa teologia liberal não tem nada. Sem nenhum sentimento real de culpa e sem o menor senso das deficiências que vêm do pecado, ela complacentemente coloca o perdão de Deus à disposição de qualquer um que se dignar a tomá-lo de suas mãos. Essa visão de Deus que está envolvida foi chamada por alguém de modo útil– talvez um pouco mordaz – de "concepção de Deus como animal doméstico". Assim como você cuida das ovelhas para lhe dar lã e das vacas para lhe dar leite, você cuida de Deus para lhe dar perdão. O significado disso é sinistramente ilustrado pela história do pobre Heinrich Heine, contorcendo-se em seu leito de agonia, que, ao ser perguntado por um importuno visitante se ele tinha a esperança do perdão de seus pecados, respondeu com um olhar de amargura zombeteira: "Sim, certamente. É para isso que Deus existe". É para isso que Deus existe! É isso que nossa teologia liberal moderna pensa sobre Deus. Ele tem apenas uma função e entra em contato com o homem apenas nesse único ponto: ele existe para perdoar pecados.

De certo modo, num espírito semelhante ouvimos badalar por toda a terra a proclamação apaixonada do que seus adeptos amam chamar de "evangelho para quem quiser". Sem dúvida, é a universalidade da oferta do evangelho que se procura enfatizar. Mas não erramos o alvo quando parecemos apoiar a salvação puramente na vontade humana? E não deveríamos parar para considerar que, se parecemos abrir a salvação para *todos* os que quiserem por um lado, por outro, abrimos apenas para "quem *quiser*"? E quem, neste mundo de morte e pecado, eu pergunto, não apenas quer, mas pode querer o bem? Não é sempre verdade que uvas não podem ser colhidas de espinhos nem figos de cardos? Ou que apenas a árvore boa que dá fruto bom enquanto a árvore má dá sempre e em todo lugar apenas fruto mau? Não é apenas o personagem de Hannah More, Black Giles, que pode "achar difícil arrepender-se quando quiser". É inútil falar de salvação "para quem quiser" em um mundo em que ninguém quer. Aqui está o verdadeiro cerne do problema: como e onde podemos obter essa *vontade*? Que os outros se alegrem em um evangelho do querer humano; para o pecador que reconhece ser pecador e sabe o que é ser pecador, somente um evangelho do querer divino será suficiente. Se o evangelho deve ser entregue às vontades mortas de homens pecadores e não há nada mais, quem então pode ser salvo?

Como um escritor contemporâneo, que não reivindica para si ortodoxia especial alguma, mas tem certa perspicácia filosófica, ressalta: "o eu que deve determinar é o mesmo eu que deve ser determinado"; "o eu que, de acordo com Pelágio, deve tornar alguém bom é o mau eu que precisa ser tornado bom". "A doença está na vontade, não em alguma parte de nós diferente da vontade que a própria vontade possa controlar. Como o doente pode providenciar a cura?".[45] "O cerne do problema é a nossa vontade; nós poderíamos ser bons se quiséssemos, mas não queremos; e não podemos começar a querer, a menos que queiramos começar, ou seja, a menos que já o façamos. 'Desgraçado homem que sou! Quem me livrará do corpo desta morte? Graças a Deus por Jesus Cristo, nosso Senhor!'. Eu sei que devo me arrepender se quiser ser perdoado; mas como posso me arrepender? Eu só faço o que é errado, porque gosto; e não posso parar de gostar ou gostar de outra coisa melhor, porque me falaram para fazer isso, nem mesmo porque foi provado que seria melhor para mim. Se é para eu ser mudado, algo deve me segurar e me transformar".[46] "Pode o pêssego

---

[45] William Temple em *Foundations* (1913), p. 237.
[46] Ibid. p. 256.

80 O PLANO DA SALVAÇÃO

renovar a flor perdida?", pergunta Christina G. Rossetti, mais poeticamente, mas com o mesmo argumento aguçado:

> Pode o pêssego renovar a flor perdida,
> Ou a violeta, o perfume perdido,
> Ou a neve manchada tornar-se branca durante a noite?
> Isso o homem não pode realizar, mas não temais:
> O leproso Naamã
> Mostra que Deus pode e quer.
> O Deus que operou então está operando aqui;
> Portanto, que a vergonha, não a melancolia, manche tua fronte
> O Deus que operou então está operando hoje.

É apenas na amável onipotência e no onipotente amor de Deus que um pecador pode confiar. "Cristo", clama Charles H. Spurgeon,[47] "não apenas é 'poderoso para salvar' aqueles que se arrependem, mas também tem poder para fazer os homens se arrependerem. Ele levará para o céu aqueles que crerem; mas ele é também poderoso para dar novos corações aos homens e operar a fé neles. Ele é poderoso para fazer o homem que odeia a santidade amá-la e para constranger aquele que despreza o seu nome a se prostrar diante dele. Esse não é todo o significado, pois o poder divino é igualmente visto na obra posterior [...] Ele é poderoso para manter seu povo santo depois que ele o fez assim e para preservá-lo em temor e amor até a existência espiritual deles ser consumada no céu."

Se não fosse assim, a situação do pecador seria desesperadora. É somente na graça onipotente que o pecador pode ter esperança; pois é somente a graça onipotente que pode ressuscitar os mortos. De que adianta enviar o arauto clamando em meio às fileiras cerradas dos mortos: "As portas do

---

[47] *Morning by morning*, p. 14.

céu estão abertas: quem quiser pode adentrar"? A verdadeira questão que se impõe é: quem fará esses ossos secos viver? Contra todo o ensino que tentaria o homem a confiar em si mesmo para ter qualquer parte de sua salvação, por menor que seja, o cristianismo o entrega completamente a Deus. É Deus e somente Deus quem salva, e isso em todo elemento do processo salvífico. "Se, na veste celestial de nossa justiça", diz Spurgeon com perspicácia, "houver uma única costura que nós mesmos precisemos colocar, estamos perdidos".

Sacerdotalismo

E o Senhor lhes acrescentava a cada dia
os que iam sendo salvos (Atos 2:47)

É testemunho unânime da igreja universal que a salvação vem de Deus e somente de Deus. A tendência sempre presente, em todos os ramos da igreja de um modo semelhante, de conceber a origem da salvação no próprio homem – de uma maneira ou de outra, em um nível maior ou menor – é assim rotulada por toda a igreja em seu testemunho oficial como um remanescente pagão que ainda não foi totalmente eliminado do pensamento e do sentimento daqueles que professam ser cristãos e assim se chamam. O incessante reaparecimento dessa tendência, de uma forma ou de outra, por toda a igreja é evidência suficiente, contudo, da dificuldade que os homens sentem de preservar em sua pureza a atribuição cristã da salvação exclusivamente a Deus. Essa dificuldade se infiltra de outra maneira na grande e ampla diferença que surgiu no testemunho organizado da própria igreja em relação a como a operação divina trabalha a salvação no homem.

Embora seja declarado que a salvação vem completamente de Deus, que é o único que pode salvar, em uma grande parte da igreja (até hoje a maior parte da igreja), ainda se ensina que Deus, ao operar a salvação, não a opera sobre a alma humana diretamente, mas indiretamente; isto é, por meio de

84   O PLANO DA SALVAÇÃO

instrumentos que ele estabeleceu como os meios pelos quais
sua graça salvífica é comunicada aos homens. Como esses
instrumentos são confiados a mãos humanas para adminis-
trá-los, um fator humano é assim introduzido entre a graça
salvífica de Deus e sua operação efetiva nas almas dos homens;
e esse fator humano, de fato, é transformado no fator determinante da salvação.[1] Contra este sistema sacerdotal, como
é apropriadamente chamado, toda a Igreja Protestante –
em todas as suas partes, luterana e reformada, calvinista e
arminiana – protesta fervorosamente. Em defesa do sobrenaturalismo absoluto da salvação, ela insiste em que o próprio Senhor Deus, por sua graça, opera imediatamente nas
almas dos homens e não fundamentou a salvação de qualquer
homem na fidelidade ou no capricho de seus semelhantes.
Nas palavras do velho John Hooper, condena-se como "uma
opinião profana" a ideia "que atribui a salvação do homem ao
recebimento de um sacramento externo", "como se o Espírito Santo de Deus não pudesse ser conduzido pela fé à consciência aflita e penitente, exceto se montado sempre em uma
carruagem de um sacramento externo".[2] Em oposição a essa
"opinião profana", o protestantismo fundamenta o bem-estar
da alma diretamente, sem qualquer tipo de intermediário, na
graça de Deus somente.

O sacerdotalismo romanista

O princípio sacerdotal encontra uma expressão bastante
completa no sistema plenamente desenvolvido e logicamente

---

[1] George Tyrrell, que teve suas experiências, exclama: "A paz é mais necessária
até do que os sacramentos, que os homens podem dar e tomar a seu prazer, e usar
como um chicote". ("Life," por Miss Petre, ii, p. 305). Nenhuma palavra poderia
revelar melhor a emancipação de Tyrrell.
[2] "An answer to my lord of Winchester's book" (1547) em *Early writings of bishop
Hooper* (Parker Society), p. 129.

SACERDOTALISMO 85

conciso da Igreja de Roma. De acordo com esse sistema, o Senhor Deus nada faz direta e imediatamente com vistas à salvação dos homens: tudo o que ele faz para a salvação dos homens, ele o faz por meio da mediação da igreja, a qual, dotada com poderes adequados à tarefa, ele confiou toda a obra da salvação.[3] "Dificilmente é incorreto dizer", observa o Dr. W. P. Paterson ao expor a doutrina da Igreja de Roma nesse ponto,[4] "que, na concepção católica romana, o aspecto central da religião cristã é a instituição sobrenatural que representa Cristo, que continua sua obra e que age quase como mediadora das bênçãos da salvação. Sua vocação ou comissão é nada menos que a perpetuação da obra do Redentor. Evidentemente, ela não substitui a obra de Cristo. Sua pressuposição é que Cristo, o eterno Filho de Deus, lançou o fundamento de sua obra em sua encarnação e morte expiatória; que, em última análise, todo o poder, autoridade e graça vêm dele; e que, como toda bênção espiritual procede dele, toda a glória lhe pertence. Entretanto, na presente dispensação, a

---

[3] "Como se o Todo-Poderoso, à semelhança de uma companhia de seguros, tivesse lhe dado uma escritura do monopólio da salvação nessa porção do universo e concordasse em não interferir ali" – conforme o sr. Winston Churchill devidamente expressou (The inside of the cup, p. 8).
[4] The rule of faith (1912), p. 240ss. Cf., o que é dito sobre a igreja no sistema romano por H. Bavinck, Het Christendom (1912), p. 33, 36: "Toda essa graça (e verdade) superabundante Cristo entregou a sua Igreja para distribuição. Nela, ele mesmo continua a viver na terra; é a perpetuação de sua encarnação; na missa, ele repete seu sacrifício na cruz, mas sem sangue; por meio do sacerdote, ele comunica sua graça nos sacramentos; por meio da boca infalível do Papa, ele conduz sua igreja à verdade. Portanto, a Igreja é, acima de tudo, o instituto da salvação, não uma assembleia de crentes ou comunhão dos santos, mas, em primeiro lugar, um instituto sobrenatural estabelecido por Deus a fim de preservar e distribuir aqui na terra os benefícios salvíficos da graça e da verdade. Não importa o que falte aos fiéis em doutrina e vida, a Igreja permanece a mesma, pois tem seu centro no sacerdócio e nos sacramentos e, neles, permanece eternamente participante dos atributos de unidade e santidade, de catolicidade e apostolicidade" (p. 33). "Somente a Igreja pode destruir o poder da sedução (do diabo e seus anjos), e ela faz isso de muitas maneiras, por seus sacramentos e a efetuação deles, por atos santos (bênçãos, exorcismos) e por coisas santas (amuleto, filactérios, escapulários, etc.); enquanto o natural não for santificado pela Igreja, permanece profano e inferior" (p. 36).

86   O PLANO DA SALVAÇÃO

igreja tem, em grande medida, assumido a obra de Cristo. Em
um sentido real, ela é a reencarnação de Cristo até o fim da
continuação e conclusão de sua obra redentora. Através de sua
igreja, ele continua a executar os ofícios de profeta, sacerdote
e rei. Ela perpetua seu ofício profético ao dar testemunho da
verdade de uma vez por todas entregue aos santos e ao interpretar e determinar a doutrina com uma autoridade infalível
que tem o mesmo peso e certeza que a revelação original. Ela o
sucede na terra no exercício do ofício sacerdotal. Ela o representa tão completamente na função sacerdotal de mediação
entre Deus e o homem que, assim como não há nenhum outro
nome entre os homens além do de Jesus pelo qual importa
que sejamos salvos, também não há salvação pactuada fora
da organização visível da qual ele é o Cabeça invisível. Além
disso, é entendido que ela o representa na missa como sacerdote imolador, em repetição perpétua do sacrifício de Cristo
oferecido na cruz. Nesse divino sacrifício que é celebrado na
missa, é ensinado que[5] 'este mesmo Cristo está contido e imo-
lado de maneira incruenta no altar da cruz, [e] este sacrifício é
verdadeiramente propiciatório'. Por fim, ela administra o poder
real de Cristo na terra. Ela tem uma reivindicação absoluta da
obediência de seus membros em todos os assuntos de fé e
prática, com o direito e o dever de punir o desobediente por
violar suas leis e de coagir o obstinado".

Em resumo, nesse sistema a igreja é concebida como o próprio Jesus Cristo em sua forma terrena e, portanto, substitui-o
como o objeto imediato da fé dos cristãos.[6] "A igreja visível",

---

[5] *Conc. Trid.* Sess. xxii, cap. 2.
[6] Não pararemos para investigar o quanto, no sistema romano moderno, o Papa
absorveu em si as funções da Igreja e tornou-se, como George Tyrrell diria,
em uma função separada, o representante e substituto de Cristo na terra. Cf.
"Joint Pastoral of the English Catholic Hierarchy" de 29 de dezembro de 1900,
e a controvérsia que surgiu disso. Um bom relato é dado por Miss Petre, em
Life of Tyrrell, vol. ii, cap. 7, p. 146–61.

SACERDOTALISMO   87

diz Möhler,[7] "é o Filho de Deus, em que ele continuamente
aparece, sempre se repete e eternamente renova sua juven-
tude entre os homens em forma humana. Ela é sua encarnação perene". Portanto, é na Igreja que os homens devem
buscar sua salvação; é exclusivamente a partir da Igreja e de
suas ordenanças que a salvação é comunicada aos homens;
em suma, a salvação dos homens é imediatamente atribuída à
igreja, e não a Cristo ou à graça de Deus. Somente "por meio
dos santíssimos sacramentos da Igreja", afirma-se claramente,[8]
"que toda a justiça verdadeira começa; ou, depois de iniciada,
é aumentada; ou, sendo perdida, é recuperada". "A falha religiosa radical desse conceito", comenta corretamente Dr. Paterson,[9] "é que faz o pecador cair nas mãos do homem, em vez de
nas mãos do Deus todo-poderoso. Nós buscamos salvação em
Deus e somos encaminhados a uma instituição que, apesar de
suas alegações sublimes, também é visivelmente levedada e
controlada pelos pensamentos de homens como nós". E novamente:[10] "O erro radical do sistema romano foi que a Igreja
visível, que é tanto humana quanto divina, e que se tornou
cada vez mais humana, em grande parte se colocou no lugar
de Deus e do Salvador: diante de uma análise religiosa mais
profunda, parecia que os homens estavam sendo convidados
e obrigados a assumir o desagradável risco de se confiar nas
provisões e leis de origem humana como condição para alcançar a salvação divina. Sentia-se que a necessidade da alma era
passar desse inseguro instrumento terreno, com suas reivin-
dicações e cultos mediadores, para as promessas de Deus e a
obra consumada do Salvador divino e procurar em Deus uma
certeza maior da verdade e da salvação que são concedidas

---

[7] *Symbolik*, p. 332-3.
[8] *Conc. Trid.* Sess. vii, Proem.
[9] *Op. cit.*, p. 244.
[10] p. 274.

interiormente pelo Espírito Santo de Deus. O questionamento protestante, em resumo, foi mais que justificado pela necessidade religiosa de fundamentar a salvação em uma base puramente divina e dispensar o mecanismo eclesiástico que era amplamente humano em sua origem e concepção". Em síntese, a questão suscitada no sacerdotalismo é apenas se devemos buscar a salvação no Senhor Deus, que nos salva, ou nos homens, que agem em nome de Deus e revestidos da autoridade divina. Essa é a questão que separa o sacerdotalismo da religião evangélica.

Talvez possamos expressar a essência do esquema sacerdotal em relação à salvação real de cada homem individualmente ao dizer que, de acordo com ele, Deus verdadeiramente quer (ou, como a peculiar frase expressa, quer por uma vontade condicional antecedente) a salvação de todos os homens e tomou as providências adequadas para a salvação deles na igreja com seu sistema sacramental: mas ele entrega a obra da igreja e seu sistema sacramental à operação das causas secundárias por meio das quais a aplicação da graça através da igreja e de seu sistema sacramental é efetuada. Como esse sistema de causas secundárias não foi instituído para transmitir os sacramentos para homens em particular ou para negá-los a homens em particular, mas pertence à sua provisão geral para o governo do mundo, a distribuição efetiva da graça de Deus por meio da igreja e dos sacramentos permanece fora do governo de sua vontade graciosa. Aqueles que são salvos por obterem os sacramentos e aqueles que são perdidos ao não tomarem dos sacramentos são salvos ou perdidos, portanto, não pelo desígnio divino, mas pela operação natural das causas secundárias. A vontade condicional antecedente de Deus de que todos sejam salvos, isto é, sob a condição de receber graça por meio dos sacramentos distribuídos sob o governo das causas secundárias, é suplantada por uma vontade absoluta consequente de salvação; portanto, somente no caso daqueles que, ele prevê, sob o governo das causas secundárias, efetivamente receberão os sacramentos e a graça que lhes é transmitida. Assim, supõe-se, Deus é liberado de toda a responsabilidade pela desigualdade da distribuição da graça salvífica. Por sua vontade condicional antecedente, ele deseja a salvação de todos. O fato de nem todos serem salvos ocorre porque alguns não recebem a graça necessária por meio dos sacramentos. Além disso, o fato de eles não receberem os sacramentos e a graça transmitida neles deve-se unicamente à ação das causas secundárias às quais a distribuição dos sacramentos foi confiada, isto é, às operações de uma causa geral, independentemente da vontade antecedente de salvação de Deus. Isso parece satisfazer os defensores do sacerdotalismo. Para as pessoas de fora, parece significar apenas que Deus, após tomar certas providências gerais para a salvação, entrega a salvação dos homens ao agir do sistema geral de causas secundárias; ou seja, ele se recusa a estar pessoalmente preocupado com a salvação dos homens e os deixa entregues à "natureza" quanto à possibilidade de salvação.

Esse assunto todo é exposto de maneira muito precisa por um perspicaz escritor jesuíta, William Humphrey S. J., com referência específica ao caso das criancinhas que morrem sem batismo (e estão, portanto, inevitavelmente perdidas), o que é examinado aparentemente como um caso peculiarmente difícil, exigindo um tratamento muito cuidadoso. Será recompensador seguir sua exposição:

A ordem de pensamento é a seguinte. Como consequência da previsão do pecado original e da infecção de toda a raça humana por meio da transgressão voluntária de Adão, seu progenitor e cabeça, Deus, em sua misericórdia, deseja a restauração de toda a raça humana. Para isso, desde a eternidade, ele destina, promete e envia, na plenitude dos tempos, seu Filho encarnado, com a natureza assumida da mesma raça humana. Ele deseja que esse Filho encarnado, que é o Cristo, ofereça satisfação completa por todos os pecados. Essa satisfação, como previsto, ele aceita. No tempo designado, o Cristo efetivamente a oferece por todos os pecados humanos. "Deus enviou seu Filho para que o mundo fosse salvo por ele". "Ele é a propiciação pelos pecados do mundo todo". Na raça humana restaurada, todos estão incluídos, mesmo aqueles que morrem na infância antes do uso da razão. Na vontade de redenção, todas as criancinhas, portanto, são incluídas. Na vontade divina, que aceita a satisfação, e na vontade humana de Cristo, que oferece satisfação por todos os pecados humanos, também há uma aceitação e oferta de satisfação pelo pecado original com o qual todas essas crianças estão infectadas. Assim, em razão e em virtude dos méritos e do sangue derramado de Cristo, Deus institui por todas essas crianças um sacramento pelo qual pode ser aplicado a cada uma delas os méritos e a satisfação de Cristo. Todas essas providências foram, por sua natureza, ordenadas por Deus para a salvação das criancinhas.

Uma vontade de salvação como esta não é mera complacência na bondade do objeto considerado em si mesmo; e, neste caso, complacência na bondade da salvação. Ela é, da parte de Deus, uma vontade ativa e operativa da salvação das crianças. Para todas e cada uma delas, essa vontade de redenção está relacionada.

Deus deseja efetuar a aplicação do sacramento do batismo não por ele mesmo de maneira imediata, mas por meio das causas secundárias; e por meio dessas causas secundárias não a todas as crianças por vontade absoluta, mas a todas as crianças, à medida que as causas secundárias, dispostas de acordo com sua providência universal e ordinária, agem sob ele.

Entre essas causas secundárias, em primeiro lugar, estão o livre-arbítrio dos seres humanos, dos quais a aplicação do sacramento, no caso de pelo menos muitas crianças, é dependente. Essas vontades humanas Deus antecipa, suscita e inclina por seus preceitos, conselhos e auxílios, da ordem natural e da ordem sobrenatural. Assim, ele providencia que, por meio da diligência e solicitude dos envolvidos, por meio de sua obediência e cooperação com a graça recebida, por meio dos méritos congruentes e das boas obras, por meio das esmolas e orações especialmente dos pais e daqueles a quem a responsabilidade pelos pequenos foi confiada e por meio do labor apostólico de seus ministros, as crianças sejam conduzidas à graça do batismo. Assim como na ordem natural, também na ordem sobrenatural da santificação e da salvação, Deus deseja prover para as crianças por meio de outros seres humanos e de acordo com as exigências das leis gerais da providência divina.

Desse modo, a vontade divina de salvação atua nas vontades dos homens para obter a salvação de, pelo menos, muitas crianças que, no entanto, não são salvas por culpa dos homens. Em relação a essas crianças, a vontade antecedente de Deus é uma vontade ativa de que elas sejam salvas; embora não seja absoluta, mas condicionada a que os homens, da parte deles, complementem a vontade divina, como eles podem e deveriam fazer, ainda que, por consequência da ação contrária dos homens, Deus permita a morte no pecado original e, pela presciência disso, não deseje, com uma vontade consequente, a salvação dessas crianças.

Além das vontades dos seres humanos, que estão na ordem moral e são livres, há também causas secundárias de ordem física; e estas não são livres. De acordo com as leis comuns e ordinárias da providência, essas causas contribuem para tornar o favor do batismo possível ou impossível. O curso dessas causas e as leis universais pelas quais elas são governadas, Deus, por consequência do pecado original, deseja que permaneçam como são agora. Deus não restaurou o estado sobrenatural de imortalidade, mesmo depois da redenção da raça humana por Cristo ter sido decretada e efetuada. Assim, de

O PLANO DA SALVAÇÃO

acordo com o curso normal dessas leis, há a morte de muitas crianças antes do uso da razão; e isso, às vezes, independe de todo exercício de vontade e livre agência dos seres humanos. Com esse curso natural de eventos, há uma vontade condicional, antecedente e completamente consistente em Deus para a salvação de todas essas crianças. Ele deseja a aplicação do batismo a elas sob a seguinte condição: até onde a ordem geral, que foi justa e sabiamente instituída, permitir.

Se Deus tivesse desejado essa ordem de causas físicas em si mesmas a fim de que as crianças morressem no pecado original, certamente não seria possível dizer que ele deseja a salvação dessas crianças. Entretanto, Deus não instituiu essa ordem para esse fim nem a dirige por sua vontade. Ele a deseja para outros fins, fins muito sábios.

Assim, Deus não intenciona diretamente a consequente morte de crianças em pecado. Ele somente permite, na medida em que ele não deseja impedir as exigências naturais das leis físicas para todas as crianças por uma mudança na ordem geral ou por meio de milagres contínuos.

Essa permissão prova apenas que não há em Deus uma vontade absoluta para a salvação dessas crianças. De forma alguma, isso prova que não há em Deus uma vontade condicional de salvação para todas elas.

Em resumo, Deus deseja a salvação de todas as crianças que morrem no pecado original por uma vontade antecedente, de acordo com sua providência comum. Em sua providência comum, Deus predetermina para todas as coisas um fim específico; concebe e prepara meios suficientes para obter aquele fim; permite que cada coisa faça uso desses meios, de acordo com as exigências da natureza dela. Isto é, ele permite que causas naturais e necessárias ajam natural e necessariamente, causas contingentes ajam contingentemente, e causas livres ajam livremente.[11]

---

[11] *His divine majesty* (Londres, 1897), p. 191ss.

Isso é o bastante! Com certeza, todo o sistema agora está diante de nós; e todo o sistema (generalizando a partir do exemplo em particular tratado) obviamente é apenas este: que Deus tomou providências suficientes para a salvação de todos os homens, colocou essas providências no mundo sob o governo do curso normal da natureza e deixou a salvação efetiva dos homens funcionando em si mesma de acordo com seu curso normal da natureza. É um tipo de concepção deísta do plano de salvação: Deus introduz na confluência das causas que governam o mundo um novo conjunto de causas, operando de forma confluente com elas, contribuindo para a salvação e, então, deixa para a interoperação desses dois conjuntos de causas a produção dos resultados reais. Ele não "mudará a ordem geral" e não operará na ordem geral através de "milagres contínuos". Ele apenas entrega a salvação à ordem geral conforme estabelecido de fato. Sem dúvida, isso, no máximo, atribui a salvação do indivíduo a Deus somente no sentido em que você atribui a Deus todos os outros eventos que lhe sucedem; ela ocorre sob a operação das leis gerais. Não há sobrenaturalismo especial na salvação, embora o homem seja salvo pela operação dos instrumentos sobrenaturais especialmente inseridos na ordem do mundo. Deus se retira para trás de suas obras; e o homem, caso seja salvo, é salvo pela Lei.

Portanto, se perguntarmos por que, neste esquema, um homem é salvo e outro não, devemos responder: porque os sacramentos chegam a um e não a outro. Se perguntarmos por que os sacramentos vão a um e não a outro, devemos responder: porque a ordem geral da providência, sábia e justamente instituída para o governo do mundo, permite que eles cheguem a um e não a outro; e os agentes livres envolvidos, sob o mandamento de Deus, voluntariamente cooperam para esse fim em um caso, e não no outro. Se perguntarmos se não foi Deus quem assim dispôs a providência para produzir

94   O PLANO DA SALVAÇÃO

precisamente esses efeitos, devemos responder: não, pois a ordem geral da providência foi instituída pelo sábio governo geral do mundo e esses efeitos particulares são meramente incidentais a ele. Se pressionarmos e perguntarmos se Deus não poderia ter arranjado sua providência geral para produzir resultados melhores e não poderia governar o mundo para assegurar tudo o que ele quisesse, além da salvação de um número maior de homens e com mais particularidade de escolha por ele, somos tolos, pois há uma sujeição manifesta das atividades de Deus aqui à operação dos instrumentos que ele ordenou; há uma subordinação manifesta de Deus em suas operações às causas secundárias; ou, expressando de outra forma, quanto à sua salvação, o homem manifestamente remove o controle direto de Deus e se compromete, em vez disso, com as tenras misericórdias de um mecanismo.

O sacerdotalismo anglicano

A explicação do cristianismo, em termos de sacerdotalismo, infelizmente não está confinada em nossos dias à velha igreja sem reforma com quem o protestantismo rompeu precisamente para que pudesse escapar da dependência da igreja na questão da salvação para poder repousar em Deus somente. Um grupo muito influente (talvez precisamente o mais influente e, certamente, para o espectador, o mais visível) da grande Igreja da Inglaterra e, seguindo-a, grandes grupos em suas igrejas filhas têm revivido isso em maior ou menor plenitude de expressão e, com certeza, sem qualquer hesitação de afirmá-lo. Nesses dias, é comum ouvir escritores anglicanos conduzirem homens em busca de salvação à igreja, e não a Deus diretamente, e definirem a igreja como "a extensão da encarnação".[12]

---

[12] Dr. J. Armitage Robinson ensinou os anglicanos modernos a traduzir Ef 1:23: "A Igreja é plenitude daquele que preenche tudo em todas as coisas": e aqueles que

"Para quem reflete cuidadosamente e crê na Encarnação", um influente clérigo da Igreja da Inglaterra nos diz[13] com todo o tom de convicção, que "é evidente que a igreja, o Corpo de Cristo, sempre unida à sua divina Cabeça, possui em si as forças da vida dele", portanto, é "capacitada" não apenas para falar por seu Senhor, mas predominantemente "para aplicar à alma individual a graça conquistada para sua igreja por nosso bendito Redentor e que reside nesse corpo, porque ele está unido à Cabeça". Todo o sistema sacerdotal está incluído nessa declaração. Segundo Darwell Stone,[14] a igreja é uma sociedade visível, cuja obra é dupla, correspondendo à obra do Senhor conforme expressada em João 1.17: "A graça e a verdade vieram por meio de Jesus Cristo": "a igreja, como seu corpo místico e seu órgão no mundo, é a mestra da verdade e o depósito da graça". "Desde o dia de Pentecostes, o dia da criação da igreja cristã", ele explica,[15] "o caminho ordinário em que Deus concede graça às almas dos homens é por meio da humanidade glorificada do nosso Senhor e da obra do Espírito Santo de Deus. O meio mais próximo de união com a humanidade glorificada de Cristo e o modo de contato mais imediato com o Espírito Santo de Deus estão no corpo místico de Cristo, que é a igreja, e estão abertos aos homens no uso dos sacramentos. Assim, a igreja cristã é o canal da graça". Com base nessa introdução, Stone prossegue expondo o sistema sacerdotal de uma maneira indistinguível de sua exposição normal da Igreja de Roma.

Pediremos, contudo, a um teólogo norte-americano para nos explicar o sistema sacerdotal conforme passou a ser ensinado nas igrejas episcopais protestantes. "O homem", conforme

---

têm tendências sacerdotais são rápidos em usar esse entendimento do texto em sua inteireza. Cf. W. Temple em *Foundations* (1912), p. 340, 359.

[13] W. J. Knox Little, *Sacerdotalism* (1894), p. 46-7.

[14] *Outlines of Christian Dogma* (1900), p. 107, 123.

[15] p. 149.

lemos em *Catholic Faith and Practice* [Fé e Prática Católica] do dr. A. G. Mortimer, "tendo caído antes que o propósito amoroso de Deus pudesse ser cumprido, deve ser redimido, resgatado de seu cativeiro, libertado do seu pecado, reunido com Deus, de forma que a Vida Divina possa fluir novamente em sua natureza debilitada".[16] "Através de sua morte e vida, Cristo realizou a satisfação pelos pecados de todos os homens, isso é suficiente para toda a humanidade, pois por meio da expiação se oferece o necessário para a salvação deles; mas a graça, embora suficiente, se negligenciada, torna-se sem valor".[17] "A encarnação e a expiação afetaram a humanidade somente como raça.[18] Alguns meios, portanto, eram necessários para transmitir os dons inestimáveis que fluíram da obra de Cristo para os indivíduos do qual a raça era composta, não somente quando nosso Senhor estava na terra, mas até o fim do mundo. Para essa necessidade, portanto, nosso Senhor fundou a igreja"[19].

"Assim, a igreja se tornou o agente vivo pelo qual as graças e as bênçãos que fluíram de Cristo são dispensadas a cada alma individual que se apropriaria delas"[20]. "A igreja afirma não apenas ser mestra da verdade e guia da moral, mas [...] a despenseira daquela graça que nos capacita a cumprir suas leis"[21], "a despenseira daquela graça que, sem auxílio, pode capacitar o homem a crer no que é verdadeiro, fazer o que é certo e alcançar seu alvo verdadeiro, servir a Deus de modo aceitável aqui e viver com Deus alegremente depois"[22]. "O meio

---

[16] A. G. Mortimer, *Catholic faith and practice* (1897), i, p. 65.
[17] Cf. p. 130: "Pela Encarnação e Expiação de Cristo, a natureza humana como um todo foi trazida a Deus e como um todo foi salva. Mas..." – como se pudesse haver algum "mas" depois disso!
[18] Pergunta: há alguma coisa da "raça" fora dos indivíduos que constitua a raça? Como a Encarnação e a Expiação poderiam afetar a "raça" e deixar os indivíduos que constituem a raça intocados?
[19] *Catholic faith and practice*, p. 88.
[20] *Catholic faith and practice*, p. 84.
[21] *Catholic faith and practice*, p. 100.
[22] *Catholic faith and practice*, p. 113.

SACERDOTALISMO   97

central da graça são os sacramentos"[23]. "Eles são os canais pelos quais o dom espiritual é comunicado às nossas almas [...] Os sacramentos cristãos, portanto, não são apenas sinais da graça; eles a conferem realmente. Assim, eles são chamados de sinais 'eficazes' da graça. A ação deles é pela própria obra operada (*ex opere operato*)"[24]. "O batismo é absolutamente necessário para a salvação, pois uma pessoa que não nasceu não pode ter vida. Isso é chamado de 'necessidade dos meios' (*necessitas medii*), pois o batismo é o meio pelo qual a vida sobrenatural é transmitida à alma e o indivíduo é incorporado em Cristo. Sem o auxílio [da Eucaristia], a salvação seria tão difícil de alcançar que se tornaria praticamente impossível."[25]

Aqui, certamente há um sacerdotalismo tão claro quanto o da própria Igreja de Roma, da qual, na verdade, este foi simplesmente emprestado. A igreja tomou completamente o lugar do Espírito de Deus como a fonte imediata da graça, e a ação do Espírito divino de aplicar salvação é postergada e subordinada às operações da igreja por meio de suas ordenanças. Assim, a alma é retirada da dependência imediata de Deus e ensinada, em vez disso, a ir à igreja e esperar todos os dons da graça diretamente dela.

O sacerdotalismo luterano

Uma forma modificada e muito mais moderada de sacerdotalismo é inerente ao luteranismo confessional e está continuamente alcançando proeminência maior ou menor em certas fases do pensamento luterano, criando, assim, um partido da alta igreja (*high church*) também na Igreja Luterana. O luteranismo tem ostentado que isso representa, em distinção ao

---

[23] *Catholic faith and practice*, p. 120.
[24] *Catholic faith and practice*, p. 122.
[25] *Catholic faith and practice*, p. 127.

98   O PLANO DA SALVAÇÃO

calvinismo, "uma reforma conservadora".[26] O alarde é justificado pois, como em outros campos, aqui também a essência
do sacerdotalismo que caracterizava o ensino da antiga igreja
foi incorporado em seu sistema confessional. O luteranismo
confessional, como o romanismo, ensina que a graça da salvação é transmitida aos homens nos meios de graça, não de
outra forma, mas faz certas modificações no ensino sacerdotal
que foi tomado da antiga igreja; e essas modificações são de
uma natureza tão ampla que transformam todo o sistema. No
sacerdotalismo luterano, não ouvimos com tanta frequência
sobre "a Igreja", que é o próprio coração do coração (cor cor-
dis) do sacerdotalismo romano; o que ouvimos, ao contrário,
são os "meios de graça". Entre esses "meios de graça", a ênfase
central não é dada aos sacramentos, mas à "Palavra", que é
definida como o "meio de graça" principal. E os meios de graça
não são representados como se agissem ex opere operato, mas
constantemente se declara que eles são efetivos somente para
a fé. Eu não digo que o esquema é consistente: na realidade,
está cheio de inconsistências, mas permanece suficiente-
mente sacerdotal para confinar as atividades da graça salvadora aos meios de graça, isto é, à Palavra e aos sacramentos
e, assim, interpor os meios de graça entre o pecador e seu
Deus. Portanto, o mal central do sacerdotalismo está presente
nesse esquema em sua manifestação plena; e, onde quer que
esteja plenamente operante, encontramos homens exaltando
os meios de graça e esquecendo-se do verdadeiro agente de
todas as operações graciosas, o próprio Espírito Santo, em
sua contemplação dos instrumentos pelos quais somente ele
deveria operar. Foi por interesse em preservar a verdadeira
religião, portanto, que os reformados, contra os luteranos,
insistiram com vigor que – apesar da importância dos meios

---

[26] Título de um volume de polêmica luterana do finado Dr. C. P. Krauth.

de graça e de como eles devem ser honrados por nós, por que são honrados por Deus Espírito Santo como instrumentos pelos quais ele opera graça no coração dos homens – no fim das contas, a graça que ele opera através deles, opera não a partir deles, mas imediata e extrinsecamente a partir de si (*extrinsecus accedens*).

Avaliação do sacerdotalismo

Há três aspectos do funcionamento do sistema sacerdotal que, em especial, devem ser mantidos em mente se quisermos avaliar com alguma precisão o dano aos interesses religiosos que ele inevitavelmente produz. Estes já foram expressamente indicados em maior ou menor grau, mas parece conveniente chamar atenção em particular para eles formalmente e em conjunto.

Em primeiro lugar, o sistema sacerdotal separa a alma do contato direto e da dependência imediata do Espírito Santo como fonte de todas as suas atividades graciosas. Ele insere entre a alma e a fonte de toda graça um conjunto de instrumentos, do qual ele procura convencer a alma a depender; assim, o sistema prende a alma em uma concepção mecânica do conceito de salvação. A Igreja, os meios de graça, tomam o lugar do Deus Espírito Santo no pensamento do cristão e, então, ele perde toda a alegria e poder que vêm da comunhão direta e consciente com Deus. Faz toda a diferença na vida religiosa e toda a diferença no conforto e segurança da esperança religiosa se dependemos conscientemente ou dos instrumentos da graça ou do próprio Senhor Deus, que experimentamos pessoalmente presente em nossas almas, operando a salvação em sua graça amorosa. Os dois tipos de piedade, forjados pela dependência dos instrumentos de graça e pela comunhão consciente com Deus Espírito Santo como um

Salvador pessoal, são completamente diferentes; e a diferença do ponto de vista da religião viva não é favorável ao sacerdotalismo. É em favor da religião viva, portanto, que o espírito protestante repudia o sacerdotalismo. É esse repúdio que constitui a própria essência do evangelicalismo. A religião evangélica significa precisamente a dependência imediata de Deus, e de Deus somente, para a salvação da alma.

Em segundo lugar, o sacerdotalismo lida com Deus Espírito Santo, a fonte de toda a graça, de uma forma totalmente negligente em relação à sua personalidade, como se ele fosse uma força natural operando não quando, onde e como lhe agrada, mas de modo uniforme e regular onde suas atividades são liberadas. O sacerdotalismo fala da igreja como o "instituto da salvação" ou mesmo como "o depósito da salvação", aparentemente com completa ignorância de que falar assim é dizer que a salvação é como algo que pode ser acumulado ou armazenado para uso quando for necessário. O conceito não é essencialmente diferente do de estocar eletricidade, digamos, em uma garrafa de Leiden[27], de onde ela pode ser retirada para o uso. Pode-se indicar o quanto esse conceito é terrível simplesmente falando com franqueza de suas verdadeiras formas de expressão: é equivalente a dizer que a graça salvadora, Deus Espírito Santo, é mantida em um contêiner e liberada quando a igreja desejar para fazer a obra que lhe é exigida. Provavelmente, não seria exagero dizer que nenhuma heresia poderia ser mais grosseira que a heresia que concebe as operações de Deus Espírito Santo sob as formas da ação de uma força natural e impessoal, mas, ainda assim, é bastante evidente que esse é o conceito que está por trás do sistema sacerdotal. A igreja e os meios de graça contêm neles o Espírito Santo como um

---

[27] A garrafa de Leiden é uma espécie de capacitor primitivo capaz de armazenar energia elétrica. Foi inventada por um professor da Universidade de Leiden em 1746. (N do E.)

poder que opera a salvação quando e onde, podemos dizer, ele é raramente aplicado.

Isso obviamente envolve, em terceiro lugar, a sujeição do Espírito Santo em suas graciosas operações ao controle dos homens. No lugar da igreja e dos sacramentos – os meios de graça concebidos conforme são representados nas Escrituras e como devem ser considerados em todas as concepções religiosas saudáveis deles: como instrumentos que o Espírito Santo usa para operar a salvação – o Espírito Santo é transformado em um instrumento que a igreja, o meio da graça, usa para operar a salvação. A iniciativa se encontra na igreja, o meio da graça; e o Espírito Santo se coloca à disposição dela. Ele vai aonde ela o envia; ele opera quando ela o libera para operar; suas operações aguardam a permissão dela; e sem a direção e controle da igreja, ele não pode operar a salvação. Deveria ser desnecessário dizer que esta é uma concepção degradante dos modos de atividade do Espírito Santo. Suas afinidades não são com a religião – em qualquer sentido digno dessa palavra, que implica relações pessoais com um Deus pessoal –, mas com a magia. No fundo, esse sistema concebe as operações divinas como se estivessem à disposição do homem, que usa Deus para seus fins pessoais; e esquece-se completamente de que Deus é que deve ser concebido como usando o homem para seus fins.

É para romper com tudo isso e se voltar ao Deus Espírito Santo em humilde dependência a ele como nosso gracioso Salvador, nosso Senhor pessoal e nosso santo Governante e Líder, que o evangelicalismo se recusa a ter algo a ver com o sacerdotalismo e se afasta de todos os instrumentos da salvação para colocar sua confiança apenas no Salvador pessoal da alma.

Universalismo

Que me amou e se entregou
por mim (Gálatas 2:20)

A ênfase evangélica é formalmente ecoada por todo o protestantismo organizado, isto é, todos os grandes corpos eclesiásticos protestantes, em suas confissões oficiais formais, concordam em confessar a total dependência do pecador sobre a graça de Deus somente para a salvação e em conceber essa dependência como obra imediata e direta do Espírito Santo, agindo como uma pessoa e operando diretamente no coração do pecador. É essa ênfase evangélica que determina a peculiaridade da piedade das igrejas protestantes. O aspecto característico dessa piedade é uma profunda consciência da comunhão pessoal e íntima com Deus, o Salvador, sobre quem a alma descansa com amor e confiança imediatos. Obviamente, essa piedade é individualista até seu cerne; e sua sustentação depende de uma convicção intensa de que o Senhor Deus lida com cada alma pecadora direta e individualmente. Entretanto, em estranha contradição a esse sentimento individualista que comunica toda a piedade evangélica real, existe no protestantismo uma tendência generalizada de construir as atividades de Deus buscando a salvação não individualmente, mas universalmente; de declarar, em resumo, que tudo o que Deus faz para a salvação do homem pecador, ele não faz para cada

104   O PLANO DA SALVAÇÃO

homem individualmente, mas para todos os homens igualmente, sem distinção. Esse é o argumento característico do luteranismo evangélico e do que conhecemos como arminianismo evangélico; e é a convicção sincera de grandes grupos protestantes em muitas comunhões, sob muitos nomes.

Diante disso, parece que, se o Senhor Deus, e somente ele, opera a salvação por uma ação de sua graça imediatamente sobre o coração (que é o cerne da confissão evangélica); e se tudo o que Deus faz com vistas à salvação dos homens, ele o faz para e por todos os homens igualmente (o que é a substância do argumento universalista); então, todos os homens sem exceção devem ser salvos. Aparentemente, só é possível escapar dessa conclusão se relaxarmos de uma forma ou de outra o rigor de uma ou outra das premissas assumidas. Deve-se manter que não é Deus, e somente Deus, quem opera a salvação, mas o usufruto real da salvação depende decisivamente de algo no homem ou algo feito pelo homem (e, assim, caímos do nosso evangelicalismo para o mero naturalismo do autossoterismo); ou deve-se manter que as atividades graciosas de Deus para a salvação não são, no fim das contas, absolutamente universais em sua operação (e, então, abandonamos nosso universalismo declarado); ou então parece inevitável que devemos permitir que todos os homens sejam salvos. O evangelicalismo consistente e o universalismo consistente só podem coexistir se estivermos preparados para afirmar a salvação pela onipotente graça divina para todos os homens, sem exceção.

Universalismo consistente

Assim, nesses círculos evangélicos que evitam atribuir, mais ou menos de forma decisiva, a Deus um particularismo completo na distribuição de sua graça, sempre houve uma tendência de presumir a salvação real de todos os homens, desde que seu senso da completa dependência de Deus para a salvação seja forte e operativo. Entre as condenações dos erros incluídos na *Summa Confessionis et Conclusionum* [Resumo confessional e conclusões] do Sínodo de Debrecen,[1] encontramos uma cláusula dirigida contra aqueles que são chamados de "Holopraedestinarii", que diz o seguinte:[2] "A Sagrada Escritura refuta por esses motivos também os *Holopraedestinarii*, isto é, aqueles que imaginam que todo o mundo é eleito e que uma predestinação universal resulta da promessa universal; e Escritura também ensina que a predestinação é de poucos e é particular e que o número dos eleitos é certo e sua contagem se estende até seus cabelos. 'Até os cabelos da vossa cabeça estão todos contados...' Mas desta doutrina não segue que Deus seja parcial ou faça acepção de pessoas". Quem eram esses *Holopraedestinarii* do século 16 não nos ocupamos em investigar,[3] mas, certamente, daquela época até hoje, nunca faltaram aqueles que, no interesse de proteger Deus da acusação de "parcialidade ou distinção de pessoas", têm se inclinado a defender que ele escolhe todos os homens para a salvação e, por meio de sua graça todo-poderosa, conduz todos a esse alvo bendito.

Os exemplos mais recentes e, talvez, mais instrutivos dessa tendência são oferecidos por dois teólogos da Igreja

---

[1] Realizado em 24 de fevereiro de 1567.

[2] E. F. Karl Müller, *Die Bekenntnischriften der reformirten Kirche* (1903), p. 451.

[3] Samuel Huber (1547-1624), professor em Wittenburg entre 1592 e 1595, foi o exemplo padrão de "holo-praedestinacionista" para a próxima geração. Contudo, o ensino relevante desse "amargurado mártir do universalismo" parece ter começado apenas em conexão com o Colóquio de Mümpelgart (1586). Um bom relato dele pode ser encontrado em A. Schweitzer, *Die protestantischen Centraldogmen* (1854), i, p. 501ss; cf. também o artigo de G. Müller em Herzog. Como a questão é tratada pelos dogmáticos do século 17 pode ser vista em Hollaz, *Exam. Theolog. Acroam* (1741), p. 643, ou em Quenstedt, *Theologia Didactico-Polemica* (1715), ii, p. 72. Quenstedt nos diz que Sebastian Castalio foi o arquiteto do erro da eleição universal e foi seguido por Samuel Huber, que absurdamente ensinou que a "eleição é universal, no sentido de que Deus escolhe todos os homens de maneira concreta, própria e inequívoca para a salvação, sem levar a fé em consideração". Ele acrescenta que Huber não teve seguidores e seu erro foi extinto.

106   O PLANO DA SALVAÇÃO

da Escócia em nossos dias, Dr. William Hastie, falecido Professor de Teologia na Universidade de Glasgow, e Dr. William P. Paterson, titular da Cátedra de Teologia, a Cátedra de Chalmers e Flint, na Universidade de Edimburgo. Em suas admiráveis palestras Croall sobre "A Teologia das Igrejas Reformadas em seus Princípios Fundamentais", Dr. Hastie anuncia que "a palavra da esperança eterna me parece a mensagem mais recente da teologia reformada";[4] e Dr. Paterson desenvolve a sugestão e a amplia no excelente capítulo "The Testimony of the Reformed Churches" [O Testemunho das Igrejas Reformadas], incluído em sua palestra Baird sobre "A Regra de Fé".[5] Dr. Paterson considera que o calvinismo contém elementos "que são mutuamente repulsivos", em sua "doutrina do castigo eterno", por um lado, e em sua "doutrina da eleição e da graça irresistível", por outro. Certamente é possível haver alívio "quando o pensamento se rebela contra tornar Deus responsável" pelo castigo eterno de alguns "por uma doutrina da reprovação", refugiando-se em um tipo de pensamento arminiano ou parcialmente arminiano". Contudo, esse alívio seria comprado pelo custo altíssimo de abandonar a consciência de pensamento e a fidelidade ao princípio evangélico, que é o cerne do cristianismo. Nada resta, portanto, de acordo com Dr. Paterson, além de descartar a doutrina do castigo eterno e de "corrigir a reprovação como uma falta temporária de privilégio e de ganho espiritual". De forma um tanto complacente, ele nota que "é uma circunstância curiosa que, embora o calvinismo tenha se tornado impopular principalmente por causa de sua identificação com uma severa e impiedosa doutrina do castigo eterno, é o único sistema que contém princípios – em

---

[4] Edimburgo, 1904, p. 282.
[5] Londres e Nova York, 1912, p. 310-3.

suas doutrinas da eleição e da graça irresistível – que poderiam tornar crível a teoria da restauração universal". O que Dr. Paterson diz nessas últimas palavras é verdadeiro, mas é verdade apenas porque, quando corretamente considerado, o calvinismo – com suas doutrinas da eleição e da graça irresistível – é o único sistema que pode tornar crível a salvação de qualquer pecador, visto que somente nessas doutrinas estão incorporados, em sua pureza, os princípios evangélicos de que a salvação vem somente de Deus, e dele apenas, na operação imediata de sua graça. Se essa graça da inefável misericórdia de Deus é concedida a alguns homens somente ou derramada sobre todos os homens igualmente, é uma questão diferente a ser determinada em seus próprios termos. Essa questão certamente não será resolvida com facilidade ao simplesmente presumirmos que a misericórdia de Deus deve ser derramada sobre todos igualmente, visto que nem todos os homens podem ser salvos. A pressuposição fundamental dessa premissa é nada menos que Deus ser obrigado a salvar todos os homens, ou seja, o pecado não é realmente pecado e deve ser visto como um infortúnio, em vez de uma punição merecida.

Nesse ponto, quando se presta atenção aos termos de seu argumento, torna-se imediatamente visível que essa visão menor do pecado é realmente determinante em toda a direção do pensamento do Dr. Paterson.

Costuma-se dizer que, como não haveria injustiça na punição de todos os seres culpados, não há injustiça em punir alguns da totalidade dos seres culpados. Aqueles que são salvos são salvos por causa da misericórdia de Deus, enquanto aqueles que estão perdidos perecem por causa de seus pecados. Isso é tão verdadeiro quanto dizer que os doentes que são salvos pela capacidade e dedicação de um médico devem suas vidas a ele e que aqueles que morrem perecem de suas doenças; mas, nesse caso, o médico não pode escapar de uma repreensão se puder ser demonstrado que estava em seu poder tratar e salvar aqueles que morreram. É, portanto, impossível dizer que a doutrina do amor divino não é afetada, porque, no princípio calvinista, está sob o poder de Deus lidar com todos da mesma forma como ele lidou com o restante, pois, nessa hipótese, está no poder de Deus, por causa do princípio da graça irresistível, salvar mesmo o pior; e se, todavia, há uma parte da raça humana destinada ao castigo eterno, parece ser apenas explicável caso se assuma que o amor divino não é perfeito, porque não é um amor incansável que abranja a todos.

É, então, inconcebível que a mão divina possa deixar de salvar a todos por algo além da falta de poder? Toda a questão do castigo merecido pelo pecado e da justiça de Deus respondendo em inflamada indignação a esse castigo merecido é deixada de fora na argumentação do Dr. Paterson. Se a questão fosse realmente como ele a representa, e os homens em sua mera miséria, apelando apenas à piedade de Deus, estivessem diante da mente divina, seria inexplicável que Deus não salvasse a todos. O médico que, possuindo o poder de tratar e curar todos os seus pacientes, arbitrariamente faz distinção entre eles e se contenta em ministrar a apenas alguns deles incorreria corretamente na reprovação dos homens. Porém, o juiz, tendo o poder de libertar todos os seus criminosos, não evitaria libertá-los por motivos mais elevados? Pode ser inexplicável por que o médico na hipótese em análise não dê alívio a todos; enquanto se pode muito bem perguntar, no caso do juiz, como ele poderia libertar sequer um. O amor de Deus está em exercício necessariamente sob o controle de sua justiça; e defender que seu amor foi eclipsado porque não faz tudo o que tem o poder de fazer é, na prática, negar a ele uma natureza moral. A solução real para o enigma suscitado em relação à distribuição da graça divina não deve, assim, ser procurada na negação da onipotência da graça de Deus com os arminianos ou na negação da realidade de sua reprovação com os neouniversalistas, mas na afirmação de sua justiça. A velha resposta é, afinal, a única suficiente: em seu amor, Deus salva tantos quantos da raça humana ele tem o consentimento de toda a sua natureza para salvar. Sendo Deus tudo o que Deus é, ele não permitirá que mesmo seu amor inefável o traia em alguma ação que não seja correta. É por isso que o louvamos, confiamos nele e o amamos, porque ele não é Deus em parte, um Deus aqui e ali, com algo que não seja todos os atributos que pertencem ao verdadeiro Deus: ele é completamente Deus, Deus em todos os aspectos, tudo o que Deus é e tudo o que Deus deveria ser.

Universalismos arminiano e luterano

Entretanto, não foi o universalismo consistente, que exige a salvação de todos os pecadores, que foi adotado pela grande massa de protestantes universalizantes. Por um motivo: as Escrituras são muito claras quanto ao contrário para permitir a satisfação desse sonho agradável. É totalmente certo que nem todos os homens serão salvos e que, no último dia, permanecerão duas classes, dos salvos e dos perdidos, cada qual enviada para o destino eterno que lhes pertence. O grande problema que precisa ser enfrentado pelo evangelicalismo universalizante, portanto, é que Deus e somente Deus salva a alma; e, tudo o que Deus faz para a salvação da alma, ele o faz para e por todos os homens igualmente e, ainda assim, nem todos os homens são salvos. As tentativas de resolver esse problema nos deram construções doutrinárias conhecidas como o luteranismo evangélico e o arminianismo evangélico, ambas

O PLANO DA SALVAÇÃO

professando combinar um evangelicalismo explícito e um universalismo explícito e, ainda assim, resolver as diversas questões da salvação e da condenação. Evidentemente, não cremos que esses sistemas conseguiram resolver esse problema (sejamos francos, insolúvel); e o elemento do problema que é prejudicado pelos ajustes forçados que eles propõem é, nos dois casos, o elemento evangélico. Porém, deve-se reconhecer com franqueza que ambos os sistemas professam ter encontrado uma solução e são, portanto, enfáticos em suas profissões de evangelicalismo genuíno e de universalismo completo nas operações de Deus com vista à salvação. O esforço para esclarecer essas perspectivas nos será proveitoso. Ao fazer isso, contudo, devemos escolher afirmativas das quais possamos aprender algo mais sobre o espírito e os pontos de vista desses grandes sistemas do que os fatos particulares que atraem mais imediatamente a nossa atenção.

Podemos observar o quão profundamente a convicção evangélica está integrada ao pensamento evangélico arminiano a partir de uma instrutiva declaração sobre isso feita pelo Dr. Joseph Agar Beet.[6] Essa declaração ocorre em um contexto no qual Dr. Beet está rejeitando a doutrina da eleição incondicional com certo fervor. "Este erro terrível", ele diz, "predominante um século atrás é nada além de um exagero da importante verdade do Evangelho de que a salvação é — desde o primeiro movimento em direção a Deus até a salvação final — completamente obra de Deus no homem e um cumprimento misericordioso do propósito de Deus antes da fundação do mundo". "Em nossa rejeição dessa doutrina da eleição e predestinação incondicional, devemos lembrar que a salvação, desde os primeiros desejos bons até a salvação final, é o cumprimento de um propósito divino de misericórdia formado

---

[6] *The Homilectical Review*, fevereiro de 1910, vol. lix, n. 2, p. 101.

antes da fundação do mundo". Ao rejeitar a doutrina da eleição incondicional, Dr. Beet, assim, toma o cuidado de preservar o evangelicalismo que, conforme ele reconhece, encontra-se em seu cerne; e, então, ele nos dá uma definição de evangelicalismo do ponto de vista wesleyano. Isso prova que todo o processo salvífico vem de Deus e que todo o poder exercido em salvar a alma é de Deus. Seria interessante perguntar de passagem se esse evangelicalismo é realmente separável da doutrina da eleição incondicional da qual Dr. Beet deseja separá-lo e observar que ele mesmo parece reconhecer que, na mente de pelos menos alguns teólogos, os dois devem andar juntos, mas o que particularmente nos cabe observar agora é a ênfase com que, como um wesleyano, Dr. Beet dá seu testemunho do postulado evangélico geral. Se ele dá validade a esse postulado em todo o seu pensamento, é claro que é uma questão diferente.

Do lado luterano, a consciência do princípio evangélico é igualmente proeminente. De fato, o luterano evangélico está muito suscetível a considerar o evangelicalismo como se fosse sua propriedade exclusiva e ter certa surpresa quando o descobre nas mãos de outros. A. J. Haller, escrevendo na revista de Zahn e Burger,[7] expressa-se no seguinte vocabulário enfático: "A salvação não é adquirida pelo homem por meio de qualquer atividade dele, mas lhe é dada pela graça de Deus, que não posso crer em Jesus Cristo, meu Senhor, nem ir até ele por meu próprio poder ou razão, mas o Espírito Santo é que me chamou, iluminou, santificou e preservou; esse é certamente o alfa e o ômega de toda crença evangélica e não é negado por calvinistas nem por metodistas". A pureza dessa confissão evangélica deve ser sinceramente reconhecida, embora não possamos deixar de cultivar certo receio quanto a se

---

[7] *Neue Kirchliche Zeitschrift* (1900), xi, p. 500.

112 O PLANO DA SALVAÇÃO

podemos condicionar todo o pensamento de seu autor a ela.
Esse receio é imediatamente justificado quando vemos o que
ele fala de regeneração; e falando de uma maneira que é, em
espírito, menos evangélica que sacerdotal e que, na verdade,
não está ilesa ao naturalismo que normalmente acompanha
esse tipo de sacerdotalismo. Ele está certo de que a regeneração é monergista, mas que é também um efeito do batismo
como sua causa produtora; e ele está muito preocupado em
defender esse conceito da acusação de magia. "Poderia ser
chamado de mágico", ele comenta,[8] "se fosse defendido que
os homens são completamente transformados na regeneração, sem nenhuma exigência subsequente sobre eles para uma
autodeterminação ética. Entretanto, o fato de um poder absolutamente novo ser criado neles por Deus – a ação de salvação
ou de condenação, da qual depende suas determinações sub-
sequentes ou contemporâneas (*Entscheidung*) – tem tão pouco
a ver com magia quanto a crença de que, na Ceia do Senhor, o
corpo e o sangue de Cristo são certa e verdadeiramente dados
para bênção de alguns e para juízo de outros".

Uma passagem como essa revela a dificuldade que um luterano desejoso de manter sua confissão oficial tem em fazer jus
a sua profissão de fé evangélica. Ele pode declarar que todo
o poder exercido na salvação da alma é de Deus, mas isso é
contrariado por sua consciência sacerdotal de que a graça é
transmitida pelos meios de graça, não de outra forma. A graça
da regeneração, por exemplo, é transmitida ordinariamente
(alguns diriam, apenas) pelo batismo, e essa graça da regeneração é a operação monergista de Deus. Mesmo assim, contudo,
não se pode dizer que o efeito é todo de Deus, pois, em primeiro lugar, se realmente há um efeito, depende da atitude de
quem o recebe. O indivíduo não pode cooperar com Deus na

---

[8] p. 601.

produção dele, mas pode resistir fatalmente. Portanto, Baier[9] cuidadosamente define: "Deus produz no homem que é batizado e que não resiste à graça divina a obra da regeneração ou renovação por meio do Sacramento, no próprio ato (*hoc actu ipso*). Então, em segundo lugar, se esse dom da regeneração se mostra uma bênção ou uma maldição para o receptor depende de como ele o aceita e lida com isso". Segundo Haller,[10] "um poder absolutamente novo é criado nele por Deus, cuja ação, seja para abençoar, seja para amaldiçoar, depende da decisão subsequente, ou mesmo presentemente operativa, do indivíduo". Isso traz consigo, naturalmente, o que aqui está encoberto: essa autodeterminação do receptor é sua autodeterminação natural. Afinal, se ela lhe fosse dada no novo poder comunicado na regeneração, então seria inconcebível que ela pudesse efetuar algo que não fosse bênção. O homem ser ou não salvo não depende em qualquer sentido da regeneração monergista forjada por Deus em seu batismo. Depende de como o homem recebe esse "novo poder" comunicado a ele e como o utiliza. Assim, estamos de volta ao plano do naturalismo puro.

Podemos mais do que questionar, portanto, se o querido evangelicalismo das construções arminiana e luterana não é mais teórico do que prático; embora, por outro lado, devamos reconhecer que eles pelo menos postulam o princípio evangélico em teoria.

Entretanto, é a ênfase universalista que é característica dessas construções. Como o Professor Henry C. Sheldon da Boston University declara:[11] "Nosso argumento é a favor da universalidade da oportunidade da salvação, em oposição a uma escolha exclusiva e incondicional de indivíduos para a vida

---

[9] Schmid, p. 421.
[10] Como citado, p. 601.
[11] *System of Christian doctrine* (1903), p. 417.

114   O PLANO DA SALVAÇÃO

eterna". Deve-se observar nessa declaração (1) a ênfase consciente do universalismo como a ênfase característica do arminianismo; e (2) o reconhecimento consequente de que tudo o que Deus faz com vistas à salvação é garantir uma oportunidade de salvação; de forma que o que é realmente argumentado não é que Deus não salva apenas alguns, mas que ele não salva ninguém; ele apenas abre um caminho de salvação para todos, e, se alguns deles serão salvos, devem salvar a si mesmos. Isso é tão inevitável que, se afirmarmos que tudo o que Deus faz para a salvação, ele o faz para todos e por todos igualmente e, ainda assim, nem todos são salvos, então os homens realizam tudo o que ele deixa de fazer quando há salvação: ninguém deve receber mais que aquele que recebe menos.

Talvez, entretanto, a ênfase universalista essencial de toda a elaboração arminiana nunca tenha recebido uma afirmação tão forte quanto no credo da *Evangelical Union* [União Evangélica], os chamados morrisonianos, cuja própria existência é protestar contra a incondicionalidade da eleição. Seu credo positivo resume o que se chama de as "três universalidades": "o amor de Deus Pai no dom e sacrifício de Jesus para todos os homens em todos os lugares e sem distinção, exceção ou acepção de pessoas; o amor de Deus Filho, no dom e sacrifício de si mesmo como a verdadeira propiciação pelos pecados do mundo inteiro; o amor de Deus Espírito Santo, em sua obra pessoal e contínua de aplicar às almas de todos os homens as provisões da graça divina".[12] Certamente, se devemos declarar que Deus ama a todos os homens igualmente, que o Filho fez propiciação pelos pecados de todos os homens igualmente e que o Espírito Santo aplicou os benefícios dessa propiciação a todos os homens igualmente, nada resta além de afirmar que, portanto, todos os homens são igualmente salvos; ou

---

[12] H. F. Henderson, *The religious controversies of Scotland* (1905), p. 187.

afirmar que tudo o que Deus pode fazer pelo homem pecador não serve para salvá-lo e que ele deve ser simplesmente deixado para salvar a si mesmo. Então, onde está nosso evangelicalismo, com sua grande afirmação de que é o Senhor Deus, e somente ele, com sua graça onipotente, que salva a alma?

No relato do surgimento da facção morrisoniana, as observações de um historiador simpático ao movimento lançam uma luz terrível sobre a origem real dessas afirmações vigorosas do universalismo das atividades salvíficas de Deus.

Quanto ao movimento em análise, nada é mais verdadeiro do que o fato de este ser o fruto genuíno de sua era. Durante a década de 30 do último século, a legislação do nosso país passou a reconhecer os direitos do homem como nunca fez antes. Na política, a longa noite do privilégio se exauriu, e o alvorecer de uma nova era estava começando a aparecer. Fraternidade, igualdade e justiça estavam clamando alto em cada porta fechada e se recusando a não serem recebidas. Uma declaração correspondente, bastante independente da política, foi feita em nome da teologia cristã. Aqui também se exigiu que as portas do privilégio fossem abertas. Liberdade para todos, comida para todos, educação para todos e salvação para todos agora passavam a ser as palavras de ordem nacionais.[13]

Dificilmente poderíamos escolher palavras que apresentassem com maior precisão a demanda pelas "três universalidades" como mero clamor do coração natural por uma distribuição natural de bens da outra vida como se fossem desta – como, em outras palavras, nada além do aspecto religioso da exigência por "igualdade" que tem ocupado nossa vida moderna. O grito "Dê a todos nós oportunidades iguais!" pode ter sua

---

[13] H. F. Henderson, como citado, p. 182-3.

justificativa relativa quando é a expressão da necessidade de homens perecendo sob o domínio absoluto de privilégios manifestos. Mas o que deveríamos dizer quando nada mais que a reivindicação turbulenta de uma quadrilha de criminosos, atacando um tribunal de justiça, de onde não é dispensada "oportunidade" de escapar das penalidades justas, mas sim clemência sabiamente direcionada, tendo em vista todos os direitos envolvidos? Certamente, o deserto maligno do pecado, o justo governo de Deus e a inefável graça da salvação são fatalmente ignorados quando os homens raciocinam quanto ao procedimento correto de Deus de levar pecadores à salvação com o auxílio de analogias derivadas das políticas igualitaristas de sua época. Não deveríamos estabelecer de uma vez por todas em nossas mentes que a salvação não é direito do homem e que uma "chance" de salvar-se não é "chance" de salvação para ninguém? Além disso, se alguém da raça humana pecadora é salvo, deve ser por um milagre da graça onipotente, da qual o homem nada pode reivindicar e que, contemplando-a como um fato, ele só pode ficar cheio de extraordinária adoração pelas maravilhas do amor inexplicável de Deus. Exigir que todos os criminosos recebam uma "chance" de escapar de suas penalidades e que todos recebam "oportunidades iguais" é simplesmente zombar da própria ideia de justiça e não menos que da própria ideia de amor.

O universalismo de todas as operações divinas para a salvação é tão vigorosamente afirmado no sistema luterano quanto no arminiano, mas com sucesso lógico ainda menor, se é que é possível ter algum, no sentido de que o princípio evangélico da dependência de Deus somente para a salvação deve ser preservado. De fato, o fermento do sacerdotalismo tomado da antiga igreja pelo luteranismo, em sua doutrina dos meios de graça, desde o início manchou fatalmente até a pureza de seu universalismo, transmutando-o em mera indiscriminação, que é algo muito diferente; e, entre os luteranos, deu origem a desenvolvimentos graves.

O antigo luteranismo, alegando que a honra de Deus exigia que ele fizesse tudo o que ele faz para a salvação do homem para e por todos os homens igualmente, afirmava que, portanto, Cristo morreu para tirar os pecados do mundo todo e, com as provisões dadas nos meios de graça para a aplicação efetiva de seu sacrifício a todos os homens, esses meios de graça (tendo em mente especialmente a proclamação do evangelho no qual eles culminam) foram efetivamente transmitidos a todos os homens sem exceção. É claro que não é realmente verdadeiro que o evangelho foi pregado a todos os homens sem exceção; e, assim, houve um esforço para cobrir a manifesta falsidade dessa afirmação ao substituí-la por uma proposição essencialmente diferente de que, em três estágios históricos (a saber, no tempo de Adão, no tempo de Noé e no tempo dos apóstolos), o evangelho foi revelado a todos os homens então vivos, "e", acrescenta-se, "se ele tornou-se universal nessas três gerações, então também chegou indiretamente a seus sucessores". A futilidade desse esforço para ocultar o fato de que, na realidade, o evangelho não foi realmente transmitido a cada homem que já viveu (e nada menos que isso pode satisfazer o que o argumento exige) é muito clara para precisarmos destacar; e não deveríamos nos surpreender por eles deixarem de defender essa ideia. "Teólogos ortodoxos mais recentes da nossa igreja", o historiador (o teólogo norueguês, Lars Nielsen Dahle) prossegue contando:[14]

dizem simplesmente que a universalidade do chamado é uma pressuposição necessária, um postulado que deve ser presumido com base no testemunho da Escritura sobre a vontade

---

[14] *Life after death*, p. 184-5.

118   O PLANO DA SALVAÇÃO

de salvação universal de Deus por um lado, e, pelo outro, na verdade biblicamente estabelecida de que essa vontade salvífica não pode ser realizada no indivíduo a não ser que o chamado de Deus realmente o alcance; mas, como isso ocorre, não podemos dizer, pois é fato que, nos dias de hoje, ele tem alcançado comparativamente poucos ou, no máximo, uma minoria da humanidade.

Assim, o professor Johnson escreve:[15] "Devemos manter a universalidade desse chamado da graça, em oposição a toda visão particularista, como um postulado da fé, mesmo se não pudermos demonstrar como ele realmente alcança cada indivíduo". É um mistério sem resolução. Portanto, os luteranos, ao tentar ligar a graça salvífica aos meios de graça e lhe dar uma difusão universal, trouxeram sobre si mesmos uma dificuldade da qual, neste ponto, os arminianos – que tornam a universalidade da obra sacrificial de Cristo e do consequente dom da graça suficiente independente de todas as transações terrenas, de forma que todos os homens nascem em um estado de redenção e graça – estão livres. A solução definitiva encontrada pelo luteranismo moderno, com a qual o próprio Dahle concorda, consiste na invenção de uma doutrina da extensão da prova humana para a próxima vida, a famosa doutrina chamada erroneamente de "segunda prova", pois não é uma doutrina de uma segunda prova para o homem, mas somente a doutrina de que todo homem que vive deve ter o evangelho apresentado a ele com sucesso, se não nesta vida, então na vida por vir. Com a invenção dessa doutrina, pela primeira vez os luteranos providenciaram para si um verdadeiro universalismo da graça. Reconhecidamente, não há qualquer apoio bíblico direto para a doutrina: é simplesmente um postulado do universalismo da

---

[15] *Grundrids af den System, Theologi*, p. 114-5 (como citado por Dahle).

UNIVERSALISMO   119

vontade divina de salvação em conexão com o confinamento da graça nos meios de graça. As Escrituras ensinam que ninguém pode ser salvo sem um conhecimento de Jesus Cristo em sua obra salvífica. Isso é transmutado em seu oposto de que ninguém pode ser perdido sem um conhecimento de Cristo em sua obra salvífica; e, então, por causa dessa proposição, cria-se uma maneira para que todo homem esteja face a face com a oferta do evangelho sob circunstâncias favoráveis, se não neste mundo, então no próximo. Sem dúvida, uma invenção do tipo seria necessária se as premissas luteranas fossem mantidas. Mas é possível pensar que a necessidade dessa invenção para sustentar essas premissas seja uma indicação suficiente de que era melhor abandoná-las.

Ao evitar, com essa invenção, o fato de que a provisão para a salvação realmente não é universal, os luteranos de forma alguma fugiram de suas dificuldades. Eles encontram uma dificuldade ainda maior, comum a eles e aos arminianos, de explicar o fracasso da graça de Deus — agora seguramente transmitida a todos os homens — em operar a salvação de todos os homens. Aqui não há escapatória, a não ser a dos arminianos, a saber, de clandestinamente introduzir o desacreditado naturalismo e de atribuir a diferença nos efeitos da graça às maneiras diferentes com que os homens lidam com ela. Contudo, os luteranos têm sua própria maneira de introduzir esse naturalismo. Eles são enfáticos ao dizer que o homem, morto em pecado, não pode cooperar com a graça de Deus, uma dificuldade superada pelo arminianismo com a postulação de uma capacidade graciosamente restaurada para todos os homens, conquistada para eles pelo sacrifício de Cristo e automaticamente aplicada a eles. Porém, eles supõem que, embora morto em pecado, o homem pode resistir e resiste com sucesso à graça onipotente. A resistência é, contudo, em si mesma uma atividade: e resistir com sucesso a um poder recriador todo-poderoso é uma atividade bastante considerável – para um defunto. Tudo retorna, portanto, ao fundamento pelagiano de que, no ponto decisivo, a salvação está no poder dele: os homens são salvos ou os homens não são salvos de acordo com as diferenças naturais dos homens. Assim, a graça de Deus é fundamentalmente negada, e a salvação é entregue, em última análise, ao próprio homem.

Conclusão

A conclusão de toda essa questão é que a tentativa de construir universalmente as graciosas operações de Deus para a salvação inevitavelmente leva, por um caminho ou outro, ao naufrágio do princípio evangélico com base no qual todas as igrejas protestantes (ou, além disso, podemos dizer, do princípio sobrenatural que está na base de todas as igrejas cristãs) declaradamente se unem. Quer esse universalismo assuma uma forma sacerdotal ou uma forma que se liberta de todo o emaranhado de transações terrenas, ele sempre e em toda parte termina transferindo o fator realmente decisivo na salvação de Deus para o homem. Isso não é sempre claramente percebido ou francamente admitido. Porém, algumas vezes é. O professor W. F. Steele da Universidade de Denver, por exemplo, percebe claramente e admite isso francamente. Para ele, não se pode falar em "graça onipotente". Ocupando uma posição que é, na prática (seja o que for que possamos falar disso na teoria), indistinguível do naturalismo arrogante do Sr. W. E. Henley, o primeiro artigo de seu credo é uma crença sincera no poder pleno do homem em sua esfera de escolhas morais. "Quando alguém afirma",[16] ele nos diz, "'Creio em Deus Pai Todo-Poderoso', essa pessoa diz isso com reservas, pois no

---

[16] *The Methodist Review*, julho de 1909.

domínio das escolhas morais do homem sob a graça, o próprio homem é todo-poderoso, de acordo com a autolimitação de Deus ao criar o homem à sua imagem e semelhança". Ele prossegue com a declaração de que o próprio Deus tem um credo que inicia assim: "Creio no homem, todo-poderoso em suas escolhas". Obviamente, um homem nesse espírito é incapaz de ter religião, cuja própria essência é o senso de absoluta dependência de Deus, e está completamente afastado do evangelicalismo, que consiste em descansar humildemente em Deus e somente em Deus para a salvação. Em vez do grande *Gloria soli Deo* soando em seu coração, ele orgulhosamente toma o leme e se proclama o senhor de seu destino, independente de Deus. O moralismo expulsou completamente a religião. Lutero não tinha precisamente essa ideia em vista quando satiricamente descreveu os moralistas dos seus dias nestas palavras impressionantes: "Aqui estamos sempre querendo virar a mesa e, por conta própria, fazer o bem àquele pobre coitado, nosso Senhor Deus, de quem deveríamos receber o bem"?[17]

A antipatia que é amplamente sentida pelo postulado evangélico fundamental que faz a alma ter contato imediato com Deus e apoia toda a sua saúde nas operações imediatas de Deus encontra uma ilustração inesperada no ensino de Albrecht Ritschl de que mesmo o objeto direto da justificação não é o indivíduo, mas a sociedade cristã; e que "é transmitido para o indivíduo apenas como resultado de sua participação na comunhão cristã e em sua vida".[18] É claro que esta é apenas outra (e muito mais fraca) maneira de afirmar o princípio da construção universalista geral: Deus não lida, em qualquer estágio do processo de salvação, diretamente com indivíduos; ele sempre tem a massa em vista; e é papel do indivíduo por

---

[17] *Works* (ed. Erlangen), xlix, p. 343.
[18] W. P. Paterson, como citado, p. 375; referência a A. Ritschl, *Justification and reconciliation*, p. 130.

seus próprios atos tomar posse da salvação assim colocada à disposição geral. Quão diferente é Lutero com sua afirmação: "Não é necessário que tu faças isso ou aquilo. Apenas dê ao Senhor Deus a glória, recebe o que ele te dá e crê no que ele te diz".[19] A questão é, de fato, fundamental e bem clara. É o Senhor Deus quem nos salva ou somos nós mesmos que nos salvamos? O Senhor Deus nos salva ou simplesmente abre o caminho para a salvação e permite, de acordo com nossas escolhas, que caminhemos nele ou não? A bifurcação das estradas é a velha bifurcação de estradas entre cristianismo e autossoterismo. Sem dúvida, somente pode afirmar ser evangélico aquele que, com consciência plena, descansa inteira e diretamente em Deus, e somente em Deus, para a sua salvação.

---

[19] *Works* (ed. Erlangen), xlix, p. 20.

Calvinismo

*E todos os que haviam sido destinados
para a vida eterna creram* (Atos 13:48)

Contra todas as tentativas de conceber universalmente as operações de Deus para a salvação, isto é, dirigidas à humanidade em conjunto, o calvinismo insiste que as operações salvíficas de Deus são direcionadas, em cada caso e imediatamente, aos indivíduos que são salvos. O particularismo nos processos de salvação torna-se, assim, a marca do calvinismo. Como o sobrenaturalismo é a marca do cristianismo em geral, e o evangelicalismo é a marca do protestantismo, o particularismo é a marca do calvinismo. O calvinista é alguém que mantém com consciência plena que o Senhor Deus, em suas operações salvíficas, não lida com a humanidade no geral, mas com os indivíduos que são salvos em particular. Assim, e somente assim, o calvinista sustenta que o sobrenaturalismo da salvação – que é a marca do cristianismo em geral e que atribui toda salvação a Deus – e a ação imediata das operações da graça salvadora – que é a marca do evangelicalismo e que atribui a salvação à operação direta de Deus sobre a alma – podem alcançar sua maturidade e serem tratados com justiça. Para ele, o particularismo nos processos salvíficos já é dado no sobrenaturalismo da salvação e na natureza imediata das operações da graça divina; e a negação do particularismo é de forma implícita a negação também da natureza imediata da graça salvadora, isto é, do evangelicalismo e do sobrenaturalismo da salvação, ou seja, do próprio cristianismo. É logicamente a rejeição total do cristianismo. O particularismo das operações salvíficas de Deus é, assim, a marca do calvinismo. É possível, entretanto, aplicá-lo mais ou menos plenamente (ou, deveríamos dizer, com maior ou menor discernimento?) em nosso conceito das atividades de Deus em relação a suas criaturas pecadoras (ou, deveríamos dizer amplamente em relação a suas criaturas?). Desse modo, variedades de calvinismo têm surgido na história do pensamento. Elas diferem uma da outra pela ordem que dão ao particularismo nas operações, o que é o mesmo que dizer que elas se distinguem pela ordem que atribuem ao decreto da eleição na ordem dos decretos divinos.

Formas de calvinismo

Alguns são tão zelosos em seu particularismo que colocam a separação na raiz de todas as interações de Deus com suas criaturas. Eles supõem que o próprio fato de ele possuir algumas criaturas se deve à própria distinção e que tudo o que ele decreta em relação a suas criaturas, decreta apenas para poder fazer distinção entre elas. Portanto, na ordem dos decretos, eles posicionam o decreto da "eleição", pelo qual os homens passam a diferir, logicamente antes do decreto da própria Criação ou, em todo caso, antes de tudo o que é decretado em relação ao homem como homem; isto é, como a história do homem começa com a Queda, colocam-no antes do próprio decreto da Queda. Eles são chamados, portanto, de supralapsarianos, isto é, aqueles que, na ordem de pensamento, colocam o decreto da eleição antes do decreto da Queda.[1]

---

[1] É importante observar que os termos supralapsariano e infralapsariano dizem respeito à ordem atribuída ao decreto da queda em relação ao decreto da

Outros, reconhecendo que a eleição tem que ver especificamente com a salvação (isto é, que a eleição é o antecedente lógico, não da Criação ou do governo providencial do mundo, mas da salvação do homem pecador), concebem que o princípio do particularismo, no sentido de fazer distinção entre as criaturas, pertence à esfera das operações soteriológicas, não cósmicas, de Deus e tem o seu papel não na criação, mas na recriação. Portanto, eles pensam na "eleição" como o antecedente lógico não da Criação ou da Queda, mas das operações de Deus que dizem respeito à salvação. A posição que eles dão à eleição na ordem dos decretos é, portanto, no topo dos decretos de Deus com relação à salvação. Isso implica que sua posição, na ordem de pensamento, é após os decretos da Criação e da Queda, que dizem respeito a todos os homens igualmente, visto que todos os homens certamente são criados e certamente caíram; e antes dos decretos da redenção e da sua aplicação, visto que certamente nem todos os homens são redimidos e levados a desfrutar da salvação. Com base nessa particularidade, eles são chamados sublapsarianos ou infralapsarianos, isto é, aqueles que, ao organizar os decretos em uma ordem lógica, concebem a ordem do decreto da eleição logicamente depois do da Queda.

Há outros, contudo, que, motivados pelo que julgam ser o ensino bíblico sobre a referência universal da redenção de Cristo e desejosos de fundamentar a oferta universal de salvação em uma provisão igualmente universal, concebem que podemos seguramente postergar a introdução de um princípio

---

eleição. Entre os historiadores que não compreendem esse assunto, formou-se um hábito de definir supralapsarianismo como a visão que defende que o decreto de Deus em geral é formado antes da queda. Asim Th. Häring, *The christian faith* (1912, p. 479), fala de uma visão chamada supralapsarianismo porque faz "a vontade de Deus incluir a queda do primeiro homem". Que a vontade de Deus inclui a queda do primeiro homem nenhum calvinista (seja ele supralapsariano, infralapsariano, pós-redencionista, amiraldiano, pajonista) duvida ou pode duvidar. Nenhum teísta, claro em seu teísmo, pode duvidar.

126   O PLANO DA SALVAÇÃO

particularista para um ponto dentro das próprias operações salvíficas de Deus, se tão somente formos cuidadosos o bastante para introduzi-lo em um momento cedo o bastante para torná-lo determinante na concretização da obra salvadora.

Nesse sentido, eles propõem pensar na provisão da salvação em Cristo como universal em sua intenção, mas representam o efeito em sua aplicação aos indivíduos pelo Espírito Santo apenas particularmente. Isto é, eles supõem que algumas, não todas, operações divinas pela salvação dos homens são universalistas em seus objetos, enquanto a salvação não é realmente experimentada a não ser que todas elas, não apenas algumas, estejam operando. Como a operação salvífica particular à qual eles atribuem uma referência universalista é a redenção de Cristo, seu esquema se expressa afirmando a introdução do decreto de eleição, na ordem de pensamento, em um ponto subsequente ao decreto de redenção em Cristo. Eles podem, assim, ser apropriadamente chamados de pós-redencionistas, isto é, aqueles que concebem que o decreto da eleição é logicamente posterior ao decreto de redenção. Na visão deles, a redenção tem referência igual a todos os homens e é somente na aplicação dessa redenção aos homens que Deus faz distinção entre homens, agindo, nesse sentido, particularmente.

É óbvio que esse é o ponto mais baixo na ordem dos decretos em que o decreto da eleição pode ser introduzido e o princípio particularista mantido. Se a aplicação da redenção de Cristo pelo Espírito Santo também fosse considerada universalista, isto é, se a introdução do princípio particularista for postergada para a concretização real do processo salvífico, então obviamente não há particularismo algum nas operações divinas para a salvação. A "eleição" é completamente removida do esquema dos decretos divinos, a não ser que prefiramos dizer, como tem sido cinicamente formulado, que Deus toma cuidado em eleger para a salvação somente aqueles que

– ele prevê – elegerão a si mesmos com o uso de seu próprio livre-arbítrio. Todos os calvinistas, portanto, devem ser ou supralapsarianos ou sublapsarianos ou, pelo menos, pós-redencionistas, o que também é ser pré-aplicacionista.

Entretanto, não é nos pós-redencionistas, concebidos puramente da perspectiva desse elemento de seu pensamento, que chegamos à variedade mais profunda possível, ou real, de calvinistas. Os pós-redencionistas podem diferir entre si, não na posição do decreto da eleição na ordem dos decretos (pois ir além desse ponto seria abandonar completamente o princípio do particularismo e abandonar a categoria de calvinistas), mas no modo de conceber a natureza da obra do Espírito Santo em aplicar a salvação, sob o governo do decreto da eleição, e quanto ao papel do espírito humano em receber a redenção. Sempre houve um partido, mesmo entre os calvinistas, que tem um interesse tão grande na autonomia da vontade humana que não está disposto a concebê-la como "passiva" em relação àquela operação de Deus que chamamos de regeneração e que tem firmemente procurado ver a recepção da salvação como, em um sentido verdadeiro, dependente da ação inabalável da vontade. Assim, eles inventaram uma variação de calvinismo que pressupõe ser Deus, de fato, quem seleciona aqueles que serão salvificamente trazidos a Cristo e ser o Espírito Santo que, por sua graça, os traz infalivelmente a Cristo (preservando, assim, o princípio de particularismo na aplicação da salvação), mas imagina que o Espírito Santo os traz efetivamente a Cristo não por uma ação todo-poderosa e criativa em suas almas, pela qual eles são feitos novas criaturas, atuando subsequentemente como tais, mas puramente por operações persuasivas, adaptadas em sua infalível sabedoria ao preciso estado da mente e do coração daqueles que ele selecionou para a salvação e, portanto, assegurando pelos próprios atos livres deles que voluntariamente venham e recebam Cristo

128   O PLANO DA SALVAÇÃO

para a salvação. Não há universalismo aqui; o particularismo é visível. Porém, descobriu-se um recurso que permite dizer que os homens vêm a Cristo voluntariamente e são unidos a ele por um ato livre de suas vontades não renovadas, enquanto apenas aqueles que Deus selecionou para persuadi-los a vir (pois ele conhece o coração deles) certamente virão no exercício de sua própria vontade. Esse tipo de pensamento recebeu o apropriado nome de "congruísmo"[2], porque o princípio de seu argumento é que a graça alcança aqueles a quem ela é "congruentemente" oferecida, isto é, que a razão por que alguns homens são salvos e outros não se encontra no simples fato de que Deus Espírito Santo opera em sua graciosa persuasão sobre alguns de uma maneira que é cuidadosa e infalivelmente adaptada por ele para assegurar a adesão deles ao evangelho e não opera sobre os outros com a mesma adaptação cuidadosa.

Deve-se acrescentar uma advertência, contudo, porque a designação "congruísta" é tão ambígua que existe outra classe usando esse nome, os quais são tão definitivamente anticalvinistas quanto aqueles que temos em mente são intencionalmente calvinistas em suas concepções. O ensino daqueles é que Deus Espírito Santo concede suas influências persuasivas a todos igualmente, sem fazer distinção; mas essa graça concedida universalmente tem efeito somente se for congruente ou incongruente com o estado de espírito e coração daqueles a quem é dada igualmente. Aqui não é a escolha soberana de Deus, mas uma diferença natural nos homens que determina

---

[2] De acordo com Herman Bavinck, "concordam com esse congruísmo Pajon, Kleman e também Shedd, que considera a salvação 'provável no mais alto grau' para todos aqueles que fazem sério e diligente uso dos meios de graça. Mas essa resposta também é insatisfatória. Em sua teoria de congruidade há, de fato, uma importante verdade que, embora seja ignorada pelo Metodismo, é tratada com propriedade na doutrina reformada da graça preparatória. No entanto, ela é completamente incapaz de explicar a eficácia do chamado". Bavinck, *Dogmática reformada* (São Paulo: Cultura Cristã), vol 4: *Espírito Santo, Igreja e Nova Criação*, p. 42-3. (N. do R.)

a salvação, assim nos colocando em terreno expressamente autossotérico. O perigo de confundir os "congruístas" calvinistas com esse partido maior e definitivamente anticalvinista tem levado ao hábito de falar dos congruístas calvinistas pelo nome de seu representante mais distinto (que, na verdade, introduziu esse modo de pensar nas igrejas calvinistas), Claude Pajon, professor da Escola Teológica de Saumur na França em meados do século 17. Foi seu predecessor e professor na mesma escola, Moisés Amyraut, que formulou pela primeira vez nas igrejas reformadas o esquema pós-redencionista, do qual o pajonismo é uma forma degradada. Assim, a escola de Saumur tem o destaque ruim de ter originado e fornecido, a partir dos nomes dos seus professores, as designações atuais das duas formas mais reduzidas do calvinismo, o amiraldianismo ou universalismo hipotético, como também é chamado, e o pajonismo ou congruísmo, como é designado de acordo com sua natureza.

Assim, temos diante de nós quatro formas de calvinismo; e, estes, como cremos, exaurem a lista de tipos gerais possíveis: supralapsarinismo, infralapsarianismo ou sublapsarianismo, pós-redencionismo (também chamado de amiraldianismo ou universalismo hipotético) e pajonismo (também chamado de congruísmo). Todas são formas de calvinismo, porque dão validade ao princípio do particularismo como a norma das relações divinas com o homem em matéria de salvação; e, como vimos, a marca do calvinismo é o particularismo. No entanto, se o particularismo fosse não apenas a marca do calvinismo, mas também a substância do calvinismo, todos esses quatro tipos, preservando como fazem o princípio do particularismo, poderiam afirmar ser não apenas semelhantemente calvinistas, mas igualmente calvinistas, e talvez até serem organizados por ordem de excelência de acordo com a ordem atribuída por cada um ao princípio do particularismo e a ênfase colocada

130   O PLANO DA SALVAÇÃO

nele em suas construções. Contudo, embora seja a marca distinta do calvinismo, o particularismo – que pode identificar o calvinismo contra as outras concepções do plano de salvação, em comparação com o que apresentamos – não constitui sua substância; e, de fato, embora vigorosamente afirmado pelo calvinismo, não é afirmado completa e unicamente em si mesmo. A incorporação mais consistente do princípio do particularismo, portanto, não é necessariamente a melhor forma do calvinismo; e a mera afirmação do princípio do particularismo, embora possa fazer de alguém um calvinista, não necessariamente faz de alguém um bom calvinista. Não pode ser calvinista aquele que não dá validade ao princípio do particularismo nas operações de Deus para a salvação do homem; mas não se deve permitir que o princípio do particularismo engula, como as vacas magras de Faraó devoraram todo o gado gordo do Egito, tudo o mais que é rico, suculento e bom no calvinismo; nem a afirmação crua de particularismo pode ser aceita como um calvinismo adequado.

Formas ruins de calvinismo

Portanto, o pós-redencionismo (embora seja uma forma reconhecível de calvinismo, pois dá validade real ao princípio do particularismo) não é necessariamente uma boa forma de calvinismo, uma forma aceitável de calvinismo ou mesmo uma forma sustentável de calvinismo. Primeiramente, é uma forma logicamente inconsistente de calvinismo e, logo, uma forma instável de calvinismo. Em segundo lugar, e mais importante, afasta-se da expiação substitutiva, que é tão preciosa ao calvinismo como é seu particularismo e cuja defesa motiva muito do zelo calvinista pelo particularismo. Eu afirmo que o pós-redencionismo é o calvinismo logicamente inconsistente. Afinal, como é possível sustentar que Deus entregou seu Filho para morrer por todos os homens igualmente e, ao mesmo tempo, declarar que, quando ele deu seu Filho para morrer, ele já pretendia plenamente que sua morte não beneficiasse todos os homens de modo igual, mas somente alguns que ele selecionaria (isto é, porque ele é Deus e não há sucessão de tempo em seus decretos, ele já tinha selecionado) seriam seus beneficiários? Na medida em que Deus é Deus, que sabe todas as coisas que ele quer desde o princípio e ao mesmo tempo, e quer todas as coisas que ele deseja desde o princípio e ao mesmo tempo, é impossível defender que Deus queira que o dom de seu Filho seja para todos os homens igualmente e, ao mesmo tempo, queira que este não salve realmente todos, mas apenas um corpo selecionado a quem ele mesmo provê. A sistematização da ordem dos decretos apresentada pelos amiraldianos, em resumo, implica necessariamente uma relação cronológica de precedência e subsequência entre os decretos, cuja premissa anula Deus, e isso só pode ser evitado alterando a natureza da expiação. Portanto, a natureza da expiação é alterada por eles, e o cristianismo é ferido em seu próprio cerne.

Os amiraldianos "mostram com orgulho" a pureza de sua confissão da doutrina da eleição e desejam focar atenção nela como o que os constitui bons calvinistas, mas a base real do sistema deles se encontra em sua doutrina alterada da expiação e, aqui, eles ferem o próprio cerne do calvinismo. Como uma substituição condicional é um absurdo porque a condição não é condição para Deus (mesmo se você lhe conceder apenas o pobre atributo da presciência), eles necessariamente abandonam completamente a expiação substitutiva. Parece que Cristo não morreu no lugar do pecador para levar suas penalidades e lhe comprar a vida eterna; ele morreu para tornar a salvação dos pecadores possível, para abrir o caminho da salvação para os pecadores, para remover todos os obstáculos no caminho da salvação. Mas qual obstáculo se encontra no

132   O PLANO DA SALVAÇÃO

caminho da salvação de pecadores exceto seus próprios pecados? E se esse obstáculo (o pecado deles) é removido, eles não
são salvos? Alguns outros obstáculos devem ser inventados,
portanto, para se afirmar que Cristo os removeu (visto que
não se pode dizer que ele removeu o obstáculo do pecado),
a fim de que alguma função possa ser deixada para ele e que
algum tipo de efeito seja atribuído à sua morte sacrificial. Ele
não removeu o obstáculo do pecado, senão todos aqueles por
quem ele morreu seriam salvos, e não se pode permitir que
ele tenha salvado alguém. Ele removeu, então, digamos, tudo
o que impedia Deus de salvar os homens, exceto o pecado; e,
assim, ele preparou o caminho para que Deus interviesse e,
com segurança para seu governo moral, salvasse os homens.
A expiação não oferece fundamento para a salvação dos
homens: ela meramente abre caminho para Deus salvá-los por
outros fundamentos.

Nós estamos agora na base da teoria governamental da
expiação; e, na verdade, essa é a forma mais elevada de doutrina da expiação que podemos alcançar com essas premissas.
Em outras palavras, toda a substância da expiação se evapora
para que possa receber uma referência universal. De fato,
podemos reconhecer isso como um efeito inevitável de uni-
versalizar a expiação que é, por esse próprio ato, eviscerada.
Se ela não faz algo por um homem que não faça por todos os
homens, então é óbvio que não salva qualquer homem; pois,
claramente, nem todos os homens são salvos. As opções que
devemos escolher são: uma expiação de alto preço ou uma
expiação de grande extensão. As duas não podem andar juntas.
Essa é a verdadeira objeção dos calvinistas a esse meio-termo
que se apresenta como uma melhoria do sistema deles: ele
universaliza a expiação à custa de seu valor intrínseco, e o calvinismo exige uma expiação realmente substitutiva que realmente salva. Como uma expiação realmente substitutiva que

verdadeiramente salva não pode ser universal, porque obviamente nem todos os homens são salvos, por causa da integridade da expiação, o calvinismo insiste que o particularismo entrou no processo salvífico antes, na ordem de pensamento, da expiação. Apesar do amiraldianismo ser um calvinismo ruim, o pajonismo é evidentemente muito pior. Não contente em destruir toda a substância da expiação, em virtude da qual ela é preciosa ("que *me* amou e se entregou por *mim*"), ele prossegue em destruir também toda a substância daquela regeneração e renovação pelas quais, na obra criativa do Espírito, somos feitos novas criaturas. Que valor há em confessar que é Deus quem determina quem será salvo se a salvação produzida não vai além do que eu mesmo posso operar, se eu for persuadido a isso? Aqui falta qualquer provisão não apenas para libertar da culpa do pecado, mas também para escapar de seu poder e corrupção. Não há espaço para qualquer percepção de culpa ou corrupção; não há salvação oferecida da ira indignada de um Deus justo nem do mal entranhado em nossos corações: no fim das contas, permanecemos como éramos antes. A perspectiva diante de nós é nada menos que aterrorizante; devemos permanecer por toda a eternidade fundamentalmente como nosso velho eu com apenas uma melhoria em nossos comportamentos, visto que podemos ser persuadidos a realizá-la por nós mesmos. Toda a substância do cristianismo se evapora, e somos convidados a reconhecer esse resquício superficial como calvinismo genuíno, porque, de qualquer forma, ele salvaguarda a soberania de Deus. Devemos entender de uma vez por todas que o reconhecimento mais completo da soberania de Deus não é suficiente para fazer um bom calvinista. Caso contrário, deveríamos reconhecer cada islâmico como um bom calvinista. Não pode haver calvinismo sem uma confissão sincera da soberania de Deus, mas

134   O PLANO DA SALVAÇÃO

o reconhecimento da soberania de Deus em si mesmo avança muito pouco na direção do calvinismo real. Em seu pensamento fundamental, o próprio Pajon, autor do congruísmo calvinista, avançou apenas um pouco além de uma variedade elevada de deísmo.

O verdadeiro princípio do calvinismo

Parece particularmente importante deixar essas coisas explícitas, porque talvez não haja nada que prejudique mais o calvinismo na mentalidade geral do que a atual identificação dele com uma doutrina abstrata da soberania, sem consideração pelos interesses concretos que essa soberania salvaguarda. Na verdade, a soberania de Deus na qual o calvinismo se sustenta é não apenas o envolvimento necessário daquele particularismo sem o qual uma relação verdadeiramente religiosa entre a alma e seu Deus não pode existir, mas também é igualmente a proteção indispensável desse universalismo complementar da redenção igualmente proclamado na Escritura, em que a amplidão da misericórdia de Deus se manifesta. Deve-se ter em mente que o particularismo e a parcimônia na salvação não são conceitos equivalentes; e isso é uma mera caricatura do particularismo calvinista para representá-lo como encontrando seu centro na proclamação de que há poucos que são salvos.[3] O que o particularismo significa no sistema calvinista é a relação imediata de Deus com a alma individual; o que ele

---

[3] Assim, a tendência de erigir a salvação de poucos como um dogma não tem conexão com o calvinismo como tal, mas é tão proeminente quanto entre (por exemplo) os luteranos. Quenstedt, *Theologia Didactico-Polemica* (1715), ii, p. 30, estabelece o primeiro atributo dos "eleitos" como o fato de serem "poucos", assim como o dos "réprobos" o de serem uma "multidão"; e John Gerhart, *Loci Theologici* (Ed. Cotta 1781), xx, p. 518, declara que o "objeto da vida eterna" entre os seres humanos é, primeiramente, que eles são "poucos". Cf. também *The Lutheran Church Review* de janeiro de 1915, artigo "Are there few that be saved?". Para sugestões do ponto de vista sacerdotal, cf. F. W. Farrar, *Eternal hope* (1878), p. 90ss, e *Mercy and judgment* (1881), p. 137-55.

se opõe é à noção de que, nesse processo salvífico, Deus nunca entra em contato direto com o indivíduo – ele nunca deve ser contemplado como *seu* Deus que *o* salva – mas que tudo o que ele faz para a salvação é apenas para os homens e pelos homens como uma massa. Não está em questão se, ao lidar com as almas individuais dos homens, Deus visita com sua graça salvífica poucos ou muitos – tantos que, em nossa imaginação, poderiam rapidamente se tornar todos. No que diz respeito aos princípios da soberania e do particularismo, não há razão para um calvinista não ser um universalista no sentido mais claro desse termo, defendendo que todo e qualquer alma humana será salva; e, na verdade, alguns calvinistas (esquecendo-se da Escritura aqui) têm sido universalistas no sentido mais claro do termo. O motivo da insistência no particularismo calvinista não é que Deus salva da massa pecadora apenas um homem aqui e ali, uns poucos galhos salvos do fogo, mas que o método divino de salvar homens é escolhê-los em sua graça todo-poderosa, comprá-los para si pelo sangue precioso de seu Filho, visitá-los no mais íntimo de seu ser pelas operações criativas de seu Espírito, e ele mesmo, o Senhor Deus Todo-poderoso, salvá-los. Quantos, até toda a raça humana em todos os seus representantes, Deus comprou e conduzirá à eterna comunhão consigo ao entrar em comunhão pessoal com eles, está, afirmo, bastante longe da questão do particularismo. O universalismo, nesse sentido do termo, e o particularismo são tão pouco inconsistentes entre si que é apenas o particularista que pode logicamente ser esse tipo de universalista.

E algo mais precisa ser dito: o calvinismo, na verdade, tem uma missão tão importante de preservar o verdadeiro universalismo do evangelho (pois há um verdadeiro universalismo do evangelho) quanto de preservar o verdadeiro particularismo da graça. A mesma insistência nos princípios sobrenaturalista e evangélico (que a salvação é de Deus, e de Deus somente, e que

Deus salva a alma ao lidar diretamente com ela em sua graça)
que faz do calvinista um particularista também o torna um
universalista no sentido bíblico da palavra. Em outras palavras,
a soberania de Deus fornece o único fundamento para uma
viva segurança da salvação do mundo. É nada além de um universalismo espúrio que os chamados sistemas universalistas
oferecem: um universalismo não de salvação, mas, no máximo,
do que é chamado de oportunidade, chance, de salvação. Mas
que segurança uma oportunidade universal ou uma chance
universal de salvação (se ousamos usar essas palavras) pode
lhe dar de que muitos, ou de que alguém realmente, serão salvos? Essa oportunidade ou chance universal de salvação tem,
depois de dois mil anos, sido aproveitada apenas por uma des-
prezível minoria daqueles a quem supostamente foi dada. Que
razão há para crer que, mesmo se o mundo continuar a existir
por dez bilhões de bilhões de anos, haverá uma maior proximi-
dade de um mundo completamente salvo do que vemos hoje,
quando o cristianismo, mesmo em sua forma nominal, con-
quistou para si, não digo meramente metade da raça humana,
mas tão somente metade daqueles a quem foi pregado?[4] Se
você quiser, ao erguer os olhos para o distante horizonte do
futuro, ver surgir no limiar do tempo a glória de um mundo
salvo, encontrará justificativa para uma visão tão grandiosa
apenas nos sublimes princípios de que é Deus e somente Deus
quem salva os homens, que a salvação deles vem toda dele e

---

[4] Cf. o que é dito por R. A. Knox, *Some loose stones* (1913), p. 111. William Temple disse em *Foundations*: "Com toda probabilidade, a terra será habitável por
miríades de anos. Nós somos a igreja primitiva". R. A. Knox questiona isso (que,
entretanto, parece verdadeiro do jeito que está) e prossegue argumentando
que não há fundamento sólido para supor que o cristianismo um dia triunfará
sobre seus inimigos. "Teologicamente", ele afirma, "parece certo que se o livre-
-arbítrio é mais que um nome, deve permanecer aberta a possibilidade de que a
maioria do mundo rejeitará a revelação cristã". Certamente, concordamos que,
se a questão for decidida pelo livre-arbítrio, não pode haver fundamento para
esperar que algum dia haverá um mundo salvo.

que, em seu tempo e método, ele conduzirá o mundo em sua inteireza aos pés daquele que ele não hesitou em apresentar ao nosso amor adorador, não meramente como o Salvador de nossas almas, mas como o Salvador do mundo; e de quem ele mesmo declarou que fez propiciação não apenas por nossos pecados, mas pelos pecados do mundo. O calvinismo, assim, é o guardião não apenas do particularismo que me assegura que o Senhor Deus é o Salvador da minha alma, mas igualmente do universalismo pelo qual sou assegurado de que ele também é o verdadeiro e real Salvador do mundo. Em nenhum outro fundamento pode haver alguma garantia de um ou do outro. Contudo, nesse fundamento, podemos ter certeza, com uma segurança infalível, de que não somente serão salvos os indivíduos que Deus visita com sua graça salvífica, mas também o mundo em que ele entra com seu propósito salvífico, em toda a sua extensão e amplidão.

A redenção de Cristo, se vista de forma digna, deve ser examinada não de forma meramente individualista, mas também em suas relações sociais, ou melhor, cósmicas. Os homens não são partículas distintas, separadas umas das outras como unidades mutuamente isoladas. Eles são membros de um organismo, a raça humana; e essa raça é um elemento em um organismo maior que é significativamente chamado de universo. Evidentemente, não se pode supor que o plano de salvação, como se encontra na mente divina, está preocupado apenas com indivíduos: por necessidade, ele tem suas relações com as unidades maiores em que esses indivíduos entram como elementos. Compreendemos apenas parcialmente a redenção em Cristo, portanto, se pensamos nisso apenas em termos dos modos de operação e efeitos no indivíduo. Devemos também perguntar como e o que opera no organismo da raça humana e quais são seus efeitos no organismo maior do universo. Jesus Cristo veio para salvar os homens, mas ele não veio para salvar

138   O PLANO DA SALVAÇÃO

cada homem como um todo em si mesmo, sem relação com todos os outros homens. Ao salvar os homens, ele veio para salvar a humanidade; portanto, as Escrituras insistem que ele veio para salvar o mundo e lhe atribuem, consequentemente, o grande título de Salvador do mundo. Elas vão além disso: elas não param de expandir sua perspectiva até proclamarem que foi da vontade de Deus "fazer convergir em Cristo todas as coisas, tanto as que estão no céu como as que estão na terra". Não fazemos justiça à doutrina bíblica do plano de salvação, assim, enquanto confinamos nossa atenção aos modos de operação divina na salvação do indivíduo e insistimos no que chamamos de seu particularismo. Há uma perspectiva maior sobre a qual devemos concentrar nossos olhos se quisermos ver toda a terra da salvação. Foi porque Deus amou o mundo que ele enviou seu Filho unigênito; foi pelos pecados do mundo que Jesus Cristo fez propiciação; foi o mundo que ele veio salvar; não é nada menos que o mundo que será salvo por ele.

O que é de importância central para termos em mente aqui é que o plano de Deus é salvar, seja o indivíduo ou o mundo, por processo. Sem dúvida, toda a salvação do pecador individual já é cumprida na cruz; mas o pecador entra no gozo pleno de sua salvação consumada apenas por estágios e no curso do tempo. Redimidos por Cristo, regenerados pelo Espírito Santo, justificados pela fé, recebidos na própria casa de Deus como seus filhos, conduzidos pelo Espírito nas atividades frutíferas e virtuosas da nova vida, nossa salvação ainda está em processo e ainda não é completa. Ainda somos presa da tentação; ainda caímos em pecado; ainda sofremos com doença, tristeza e a própria morte. Nossos corpos redimidos não podem esperar por nada além de se desgastar em fraqueza e se deteriorar no túmulo. Nossas almas redimidas entram apenas lentamente em sua herança. Somente quando a última trombeta soar e ressuscitarmos de nossas sepulturas, e almas perfeitas e corpos incorruptíveis entrarem juntos na glória preparada para os filhos de Deus, nossa salvação estará completa. A redenção do mundo é, da mesma forma, um processo. Ela também tem seus estágios; também avança apenas gradualmente para sua perfeição, mas ela também será por fim concluída e, então, veremos um mundo completamente salvo. Evidentemente, segue-se que, em qualquer estágio do processo, aquém de sua perfeição, o mundo, como o indivíduo, deve ser visto como parcialmente salvo. Não podemos mais contrapor a incompletude da salvação do mundo hoje à completude da salvação do mundo, assim como não podemos contrapor a incompletude da nossa salvação pessoal hoje (o remanescente do pecado em nós, a fraqueza e a morte dos nossos corpos) à completude de nossa salvação pessoal. Tudo em sua própria ordem: primeiro, a semente, depois, a espiga, e, então, o grão que enche a espiga. Então, quando Cristo vier, assim como seremos como ele quando virmos como ele é, também, quando Cristo vier, será um mundo completamente salvo e haverá um novo céu e uma nova terra, em que habitará a justiça.

Por ora, não nos interessa enumerar os estágios pelos quais o mundo deve passar até sua completa redenção. Não perguntamos quanto tempo durará o processo; não investigamos sobre os meios pelos quais a redenção completa virá. Esses são temas que pertencem à escatologia, e mesmo a alusão mais leve a eles nos levaria além do escopo de nossa presente tarefa. O que nos preocupa agora é apenas assegurar que o mundo será completamente salvo; e que a efetuação desse resultado por meio de um longo processo, passando por muitos estágios, envolvendo a incompletude da salvação do mundo pelas eras, não introduz dificuldade no raciocínio. Essa incompletude da salvação do mundo através de numerosas gerações envolve, é claro, a perda de muitas almas no curso do longo processo pelo qual o mundo avança para sua salvação. Portanto, a doutrina bíblica da salvação do mundo não é "universalismo" no sentido comum do termo. Ela não significa que todos os homens sem exceção são salvos. Muitos homens são inevitavelmente perdidos por todo o curso do avanço do mundo à sua salvação completa, assim como a salvação do indivíduo por processo significa que muito serviço a Cristo é perdido por todos esses magros anos de salvação incompleta, mas, como num caso, também no outro, o fim é alcançado finalmente: há um homem completamente salvo e há um mundo completamente salvo. Possivelmente, podemos expressar isso afirmando que as Escrituras ensinam um universalismo escatológico, não um universalismo de todo e qualquer indivíduo. Quando as Escrituras dizem que Cristo veio para salvar o mundo, que ele de fato salva o mundo e que o mundo será salvo por ele, elas não querem dizer que não há seres humanos que ele não veio para salvar, que ele não salva, que não são salvos por ele. Elas querem dizer que ele veio para salvar e, de fato, salva a raça humana, e que a raça humana está sendo conduzida por Deus a uma salvação como raça: que, no desenvolvimento milenar da raça humana, ela finalmente alcançará salvação completa, e nossos olhos serão recepcionados com o glorioso espetáculo de um mundo salvo. Assim, a raça humana alcança o objetivo para que foi criada, e o pecado não a arranca das mãos de Deus: o propósito primário de Deus para ela é cumprido; e, por meio de Cristo, a raça humana, embora caída em pecado, é restaurada a Deus e cumpre seu destino original.

Porém, não se pode imaginar que o desenvolvimento da raça para isso, seu fim destinado, seja uma questão de oportunidade ou esteja entregue às incertezas da nossa determinação. Se assim fosse, nenhuma salvação estaria ou poderia estar diante dela como seu alvo assegurado. O alvo para que a raça está avançando é estabelecido por Deus: a salvação. E cada estágio no avanço até esse alvo é, evidentemente, determinado por Deus. O progresso da raça é, em outras palavras, um progresso determinado por Deus para um fim determinado por Deus. Sendo isso verdade, todo detalhe em todo momento da vida da raça é determinado por Deus; e é um estágio em seu avanço determinado por Deus para seu fim determinado por ele. Cristo foi verdadeiramente feito Cabeça sobre todas as coisas para sua igreja; e tudo o que acontece com sua igreja, tudo o que sua igreja é em cada momento de sua existência, toda "sorte" (como a chamamos de maneira absurda) que a igreja enfrenta, é designado por ele. O passo do progresso da igreja até seu alvo de perfeição, a natureza de seu progresso, os indivíduos em particular que são trazidos a ela por todos os estágios de seu progresso: tudo isso está nas mãos divinas. O Senhor acrescenta à igreja a cada dia os que estão sendo salvos. É por meio do governo divino dessas coisas, que é, em resumo, a condução da raça humana para a salvação, que o grande alvo é finalmente alcançado. Dizer isso, é claro, é falar de eleição e reprovação. Não há antinomia, portanto, em falar que Cristo morreu por seu povo e que Cristo morreu pelo mundo. Seu povo pode ser pouco hoje: mas o mundo será seu povo amanhã. Entretanto, deve-se observar que, a menos que seja Cristo quem realmente salve o seu povo, e não que abra o caminho da salvação, não há fundamento para crer que haverá algum dia um mundo salvo. A salvação do mundo é absolutamente dependente (como é a salvação da alma individual) de sua salvação ser obra exclusiva do próprio Senhor Cristo, em seu irresistível poder. É somente o calvinista que tem justificativa para crer na salvação, seja do indivíduo, seja do mundo. Ambos descansam completamente na soberana graça de Deus.[5] Todo outro fundamento é areia movediça.

---

[5] Assim, até o testemunho de um Th. Häring (*The christian faith*, 1913, p. 474) é verdadeiro: "É somente pela fé no Deus vivo que a fé em um alvo final a ser certamente alcançado torna-se um poder no mundo e no coração individual".

Pilgrim

Sua biblioteca gigante pelo preço de um livro!*

Na Pilgrim você encontra mais de 6.000 **audiobooks, e-books, cursos, palestras, resumos e artigos** que vão equipar você na sua jornada cristã.

Começe aqui!

*Considerando um livro baratinho ;)

Este livro foi impresso pela Ipsis, em 2021, para a Thomas Nelson Brasil. A fonte do miolo é Lora. O papel do miolo é Pólen Soft 80g/m², e o da capa é cartão 250g/m².